Hans Michael Engelke

SLOWENIEN

mit Istrien

Auf dem Motorrad entdecken

Hans Michael Engelke ist ein begeisterter Motorradjournalist und Fotograf.

Schon bevor Slowenien im Juni 1991 unabhängig wurde – es war damals noch Bestandteil Jugoslawiens – gehörte Österreichs südlicher Nachbar regelmäßig zu den Zielen unserer Motorradreisen. Mit einer Kawasaki Z 440 LTD quälten wir, meine Sozia und ich, uns damals mit 27 PS die 18 Prozent Steigung des Wurzenpass' hinauf, um auf der anderen Seite in den Triglav-Nationalpark einzutauchen oder gleich bis an die herrliche Mittelmeer-Küste durchzudüsen.

Die Republik Slowenien, so wie sie seit ihrer Unabhängigkeit im Jahr 1991 besteht, ist klein: gerade mal halb so groß wie die Schweiz. Aber so klein das Land auch ist, umso mehr bietet es Abwechslung, tolle Landschaften, fantastische Motorradstrecken und das Gefühl, herzlich willkommen zu sein. Stets wurden und werden wir freundlich aufgenommen, sind schnell im Gespräch mit netten Menschen und fühlen uns immer und überall pudelwohl.

Für viele Motorradfahrer ist Slowenien nur ein Transitland auf dem Weg nach Kroatien oder sie erreichen es erst gar nicht, weil vorher die italienischen oder österreichischen Berge zum Verweilen locken. Ein großer Fehler. Ob die Julischen Alpen im Nordwesten, das faszinierende Soča-Tal ganz im Westen, die slowenische Riviera mit ihren venezianisch wirkenden Küstenstädtchen tief im Süden oder der Karst im Hinterland der Triester Bucht – das überschaubare Slowenien ist voller interessanter Ziele. Rechts und links der Straßen gibt es unglaublich viel zu sehen, zu entdecken, zu genießen.

Unzählige Highlights

Selten gibt es auf so kleiner Fläche so viele Highlights. Ob die Höhle von Postojna, die Burg von Bled oder die von Ljubljana, die Vintgar-Schlucht, die Salz-Salinen von Sečovlje, die vielen Museen und historischen Orte und Gemäuer – die Liste scheint unendlich. Besonders für Motorradfahrer hält Slowenien viel bereit. Ich denke da gerade an das Motorrad-Museum Vransko mit seinen wahren Schätzen. Über 150 historische Zweiräder warten dort auf Besucher. Es gibt noch so viel mehr zu entdecken in den insgesamt 13 Provinzen, in die sich Slowenien aufteilen lässt.

Abseits der urbanen und quirligen Metropolen Ljubljana und Maribor wirkt das Land eher beschaulich. Gerade mal zwei Millionen Einwohner hat die junge Republik und rund 400 000 Slowenen leben in den beiden größten Städten des Landes. Mehr als die Hälfte der Fläche Sloweniens ist mit Wald bedeckt. Dazwischen liegen unendlich weite, grüne Landschaften, die Ruhe und Erholung pur ausstrahlen. Wer einen einladenden Platz für ein idyllisches Picknick sucht, muss nicht lange suchen. Und die leckeren Zutaten dafür gibt es in fast jedem Dorf im Laden oder – noch besser – direkt vom Hof gleich neben der Strecke.

Imponierende Natur

Lässt man sich einfach durch die Landschaft treiben, stößt man immer wieder auf spannende, imponierende Naturdenkmäler. Ob rauschende Wasserfälle, tiefgründige Höhlen im Karst oder enge, dunkle Schluchten – Slowenien ist voller hinreißender Orte, an denen man auch mal das Motorrad abstellen kann. Wer dann noch statt der Motorradstiefel auch mal die Wanderstiefel anzieht, hat das große Los gezogen.

Apropos Motorrad abstellen, das kann man übrigens auch gut an den Sonnenseiten der Kozolec, der für Slowenien so typischen Getreideharfen. Wie mächtige Denkmäler ragen diese aus den Wiesen. Je nach Region unterschiedlich gebaut, bestehen sie doch stets aus einem Geflecht haushoher Balken und Bretter, an denen im Wind Stroh und Heu trocknen. Oft gleichen sie wahren Kunstwerken, liebevoll verziert und mit Schnitzereien versehen, mit Giebeln und Balkonen geschmückt und mit hölzernen Schindeln gedeckt.

Paradies Slowenien

Wenn man dann im Gras liegt, den über sich hinweg ziehenden schneeweißen Wolken nachschaut, den Wind im Stroh rauschen hört und den Geruch des frisch geschnittenen Grüns in der Nase spürt, dann ist man wirklich angekommen: im Paradies Slowenien.

Wir würden uns sehr freuen, wenn wir mit diesem Buch die Neugierde des einen oder anderen Motorradreisenden wecken und zum Gelingen einer fantastischen Motorradtour beitragen können. Wir laden Interessenten ganz herzlich zum Dialog auf unserer Internetseite **www.engelke.tv** ein und freuen uns über Rückmeldungen und Kontakte mit unseren Lesern. Und wer weiß, vielleicht begegnen wir uns ja auch mal irgendwo draußen auf der Straße und tauschen noch ein, zwei Tipps miteinander aus, wir würden uns sehr freuen!

Bis dann, gute Reise und
ganz viel Spaß in Slowenien,

Hans Michael & Angelika Engelke

Judenburg
Graz
E55
E66
A2
E57
Villach
Klagenfurt
Maribor
1
2
3
A2
A1
E57
Udine
6
Ljubljana
A1
A2
E61
8
Trieste
4
5
E63
Rijeka
E71
A8
10
7
Rovinj
21
E65
A9
8
Pula

74
9
A5
A 4
E59
A 2
E65
E71
Zagreb
E70
A 3
vac
6
Bihać
Banja Luka

Die Mangart-straße

Die Fahrt hinauf auf den 2 677 Meter hohen Mangart, einen der schönsten Gipfel der Julischen Alpen, ist einfach nur ein Traum.

GPS 46.444056, 13.640944

Die Fahrt entlang der **Soča**

Die kurvenreiche Talstraße begleitet die wild schäumende, türkisfarbene Soča über viele Kilometer. Herrliche Plätze laden zum Picknick und zum Baden ein.

GPS 46.273778, 13.570556

Die **Steiner Alpen**

Die Überquerung des Seeberg-Sattels und das wilde Kurvengeschlängel in den Steiner Alpen sowie entlang der Karawanken machen richtig Laune.

GPS 46.419028, 14.526944

Die Halbinsel **Kamenjak**

Der südlichste Zipfel Istriens ist die Halbinsel Kamenjak. Eine urige Region mit unbefestigten Wegen, fantastischen Stränden und einsamen Buchten.

GPS 44.767139, 13.923833

Klein, aber Fein

Mit diesem geflügelten Wort lässt sich Slowenien sehr gut und vor allem treffend beschreiben.

Gerade mal 20000 Quadratkilometer beträgt seine Staatsfläche. Zum Vergleich: Deutschland ist etwa 360000 Quadratkilometer groß. Aber in Slowenien kommt es geballt. Schon an der nördlichen Grenze liegt mit den Karawanken, einem Teil der Alpen, eine hochinteressante Motorradregion.

Kaum ist das Tal der Save, des größten Flusses des Landes durchquert, steigt das Land erneut steil an bis zum Gipfel des weit über 2800 Meter hohen Triglavs. Um ihn herum, und zum Teil auf ihn hinauf, führen fantastische Strecken. Lässt man sich im Süden wieder die Berghänge herabrollen, gelangt man sehr schnell an die Soča, den bildschönen, türkisfarbenen Fluss, der ganz in der Nähe des 1611 Meter hohen Vršič-Passes entspringt, einem weiteren spektakulären Highlights Sloweniens.

So ließe sich Slowenien immer weiter beschreiben, von einem geographischen Höhepunkt zum nächsten. Es versteht sich geradezu von selbst, dass diese markanten Regionen auch durch nicht minder schöne Landschaften miteinander verbunden sind. Dort

Ljubljana, die Hauptstadt Sloweniens (links) ist immer einen Besuch wert. Gleiches gilt für die Burg von Bled (linke Seite).

hindurch schlängeln sich faszinierende Motorradstrecken, auf denen sich im Minutentakt Neues entdecken lässt.

Deshalb lieben wir Slowenien so – beschaulich, aber nicht langweilig, spannend, aber nicht hektisch, einladend, aber nicht aufdringlich. Slowenien ist unsere Empfehlung für eine abwechslungsreiche und erlebnisreiche Tour in neue Gefilde, in denen man sich aber dennoch sofort heimisch und gut aufgehoben fühlt.

GESCHICHTE

Wahrscheinlich ließen sich die ersten Vorfahren der Slowenen zu Beginn des Mittelalters in der Region des heutigen Sloweniens nieder und gründeten das slawische Fürstentum Karantanien. Dies blieb jedoch nicht lange eigenständig, es geriet alsbald unter bayerische, nur wenig später unter fränkische Herrschaft. Nachdem sich die Slawen durch weitere Kriegswirren in Tschechen, Slowaken und Slowenen aufteilten, wurde Karantanien ins Herzogtum Bayern und somit in das Fränkische Reich eingegliedert.

Ptuj glänzt mit bildschönen Fassaden.

Später wurde es Bestandteil des damaligen Herzogtums Kärnten, welches zum Heiligen Römischen Reich gehörte. Etwa ab der Mitte des 13. Jahrhunderts fielen große Gebiete des heutigen Sloweniens den damals steil aufsteigenden Habsburgern zu.

Zum Ende des Ersten Weltkriegs zerfiel Österreich-Ungarn bekanntermaßen. Dieser Umstand und das gesteigerte Nationalbewusstsein führte zur Bildung eines Nationalrates, bestehend aus Slowenen, Serben und Kroaten. Der weitergehende Konflikt mit Italien, veranlasste diesen Nationalrat, das Königreich Serbien um militärische Unterstützung zu bitten, was schließlich zu einem vereinigten Königreich der Serben, Kroaten und Slowenen führte.

Durch diverse Verträge und Übereinkommen fielen dem Königreich weitere Landstriche zu, während insbesondere die slowenische Küstenregion nach dem Vertrag von Rapallo 1920 Italien zufiel. Etwa zehn Jahre später wurde das Königreich der Serben, Kroaten und Slowenen in das Königreich Jugoslawien umbenannt, wodurch sich die Vormachtstellung der Serben erhöhte.

Im Verlauf des Zweiten Weltkriegs wurde das bis dahin neutrale Jugosla-

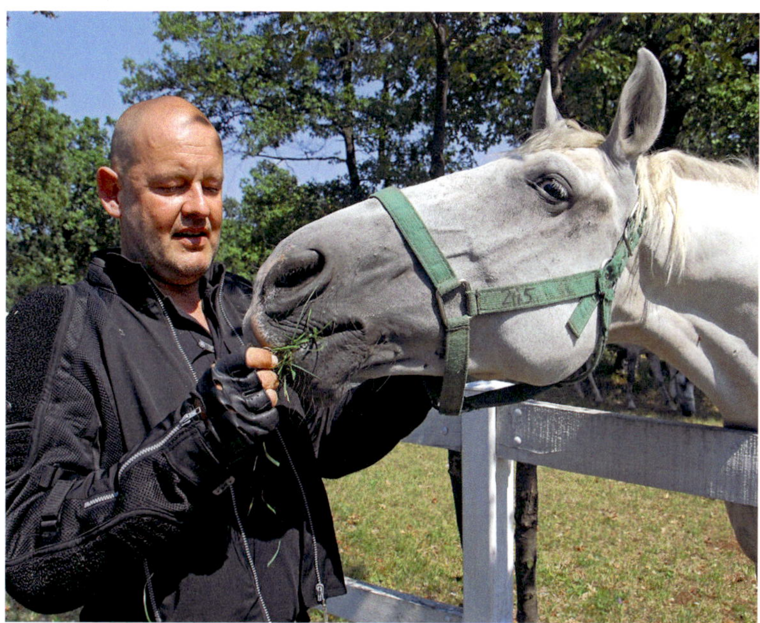

Aus Lipica stammt die alte Pferderasse der Lippizaner.

wien durch die Achsenmächten zu einem gemeinsamen Pakt gezwungen, was die jugoslawische Militärführung aber schließlich sehr schnell durch einen Putsch vereitelte. Darauf besetzte die Achse im April 1941 das gesamte Jugoslawien und das Gebiet Sloweniens wurde unter Italien, Ungarn und Deutschland aufgeteilt. Diese Vorgänge führten zur Gründung zahlreicher Partisanenverbände unter der Führung Titos.

Etwa 80 000 Slowenen wurden aus den von Deutschland besetzten Gebieten im Zweiten Weltkrieg zur Zwangsarbeit nach Deutschland, Rumänien und Bulgarien deportiert. Auch Kinder slowenischer Partisanen wurden als Vergeltungsmaßnahme verschleppt. Die Welle der Rache am Ende des Zweiten Weltkriegs war nicht weniger grausam. Die deutschsprachige Minderheit wurde interniert oder ermordet. Slowenische und kroatische Mitläufer der Achsenmächte wurden durch Tito-Partisanen auf Todesmärschen und in den slowenischen Wäldern kurzerhand umgebracht.

Am 29. November 1945 gründete sich die Volksrepublik Jugoslawien, die Sozialistische Republik Slowenien war ein Teil davon. Später fielen noch Koper und Portorož mit einem Teil der Adriaküste an Slowenien.

Die Bürger Sloweniens fühlten sich in den Achtziger Jahren durch die jugoslawische Führung in Belgrad unterdrückt und drangen auf Selbstständigkeit. Diese Unzufriedenheit führte schließlich am 25. Juni 1991 in die Loslösung Sloweniens von Jugoslawien mittels einer Unabhängigkeitserklärung. Darauf reagierte die Führung Jugoslawiens mit einer militärischen Intervention und versuchte, in Slowenien einzumarschieren. Im so genannten Zehn-Tage-Krieg wurde dieser Einmarsch jedoch erfolgreich abgewehrt und am Vortag vor Heiligabend 1991 verabschiedete Slowenien eine demokratischen Verfassung nach europäischem Vorbild. Innerhalb weniger Tage wurde Slowenien durch alle Mitgliedsstaaten der Europäischen Gemeinschaft anerkannt.

Relativ schnell kehrten stabile und demokratische Verhältnisse im jungen Staat ein und im November 1998 begannen die Beitrittsverhandlungen mit der EU. In einer Volksabstimmung am 23. März 2003 stimmte die slowenische Bevölkerung mit deutlicher Mehrheit dem Beitritt zur Europäischen Union und zur NATO zu. Etwa ein weiteres Jahr später trat Slowenien im Rahmen der so genannten Osterweiterung der Europäischen Union bei. Mit dem gleichzeitigen Beitritt zum Schengener Abkommen entfielen im weiteren Verlauf auch die Kontrollen an den Grenzen zu den Nachbarstaaten Italien, Österreich und Ungarn.

Geschichten zur Region

Zlatorog heißt er, der wilde, weiße Gamsbock mit den goldenen Hörnern,

Dieser Steinbock thront am See von Bohinj. Die echten Artgenossen leben in den Bergen.

Die slowenischen Berge sind nicht nur für Motorradfahrer ein Traum.

dem man in den slowenischen Bergen stetig begegnet. Seine Figur ziert nicht nur die Etiketten des Zlatorog Pivo, des leckeren slowenischen Bieres, sondern auch diverse Denkmäler und Skulpturen, Gemälde und Gebäude.

Seine Legende handelt – wie so oft – von Liebe und Habgier. So zog er einst mit wunderschönen Feen, die ihn unsterblich machten, über die steilen Hänge der slowenischen Berge. Seine goldenen Hörner waren der Schlüssel zum Berg Bogatin, der unermessliche Schätze verbarg.

Tief unten im Tal darunter lag ein Wirtshaus, zu dessen Gästen ein reicher venezianischer Kaufmann zählte. Er verliebte sich spontan in die Wirtstochter und überhäufte sie mit Geschenken. Ob all des Schmuckes ließ sie sich blenden und folgte ihm in die Ferne, obwohl sie eigentlich eine tiefe Liebe mit einem einheimischen Jagdgesellen verband.

Frustriert sann der Verlassene auf Abhilfe und meinte mit dem Schatz des Berges seine Holde zurückerobern zu können. Also erklomm er die Berge und legte auf den Bock an. Sein Schuss traf voll ins Ziel, jedoch erholte sich der unsterbliche Zlatorog blitzschnell und stieß in seiner tobenden Wut den jungen Jäger in die Tiefe.

Im Frühjahr kehrte die Wirtstochter aus Venedig heim. Sie war des Prunks und Protzes überdrüssig geworden, vom reichen Kaufmann enttäuscht und sehnte sich nun doch nach ihrer großen Liebe. Dessen Leiche aber kam aus den Bergen die Soča herab geschwommen. Zudem hatte der unsterbliche Gamsbock und die Feen aus Ärger die blühenden Wiesen der Berggipfel in felsige Steinwüsten verwan-

Slowenische Städtchen locken mit schönen Gassen.

delt, bevor sie für immer den slowenischen Alpen den Rücken zuwandten.

Tragisch, aber da sieht man, wohin Habgier und Verrat so führen können. Und bei einer Tour durch die felsigen Berge weiß man nun auch, weshalb gerade hier der graue Fels so markant und dominant in den Himmel ragt.

KULINARIK

Wer in Slowenien hungert, hat selber schuld. Es steht reichlich Herzhaftes und Gebratenes auf der Karte. Es gehören aber auch diverse schmackhafte Eintöpfe zum Repertoire slowenischer Köche. Die sprudelnden Gebirgsbäche liefern leckere Forellen. Der Einfluss der österreichischen Küche auf den südlichen Nachbarn ist nicht zu leugnen, wie sich an köstlichen Strudeln und Hefeteig jeglicher Art erkennen lässt. Es findet sich auch Erstaunliches auf der Karte, so zum Beispiel Bär. Die Jagd auf diese in Slowenien noch vorkommenden Tiere ist stark reglementiert, aber ab und an darf dann doch ein Exemplar aus dem Bären-Kerngebiet im Karst den Weg auf den Teller finden. Es steht dann als „Medved" auf der Speisekarte.

Wird es mediterraner oder geht es in Richtung Italien verstärkt sich die Auswahl an frischem Seefisch, Muscheln oder Scampi. Preiswerte und gute Pizzerien gibt es überall im Land. Gene-

Kulinarische Verlockungen gibt es auf den Märkten.

rell kann man sagen, dass die Wirte Sloweniens es ihren Gästen sehr gerne sehr recht machen. Da sie auch häufig der deutschen Sprache mächtig sind, ist das Essen gehen selten kompliziert, macht Laune und satt.

Slowenische Spezialitäten, die uns besonders gut schmecken

- **Pršut**: ein hervorragender, luftgetrockneter Schinken, der auch gerne als Vorspeise genossen wird.
- **Kranjska klobasa**: gut gewürzte Krainer Wurst, oft gereicht mit Brot und Meerrettich (Kren).
- **Gobova juha**: köstliche, frische Steinpilzsuppe.
- **Potica**: Eine Art gerollter Hefezopf mit den unterschiedlichsten, kalorienreichen Füllungen. Potica sind die Lieblingssüßspeise der Slowenen und werden oft zum Nachtisch gereicht.

Übrigens, weder Čevapčiči, die bekannten und zugegebenermaßen recht leckeren Hackfleischwürstchen, noch Ražniči, die allgegenwärtigen Spieße, haben irgendeinen Bezug zu Slowenien. Sie stammen aus dem Süden des ehemaligen Jugoslawiens.

Getränke

Slowenien ist bekannt für seine guten Weine. Fast überall im Land werden köstliche Tropfen angeboten und in den größeren Orten gibt es reichlich Weinkeller und Gelegenheiten zur Weinprobe. Einfach mal darauf einlassen, ein beratendes Gespräch mit dem Winzer führen (auch diese sprechen des Öfteren deutsch) oder einfach probieren, was einem persönlich besonders mundet.

Für eine eiskalte Erfrischung taugen die slowenischen Biere (Pivo) hervorragend. Unser Favorit ist Laško, aber Zlatorog und Union sind auch recht süffig. Besonders nach einem reichhaltigen Mahl bieten sich die köstlichen Obstbrände an – Šlivovic aus Zwetschgen, aber auch jede Menge herzige Grappas.

Das kleine Land hat mittlerweile sehr gute Weine vorzuweisen.

Aber Vorsicht: In Slowenien gilt auch die 0,5 Promille Grenze und die Strafen sind teuer. Auch unterhalb dieses Promillewertes kann es bei Auffälligkeiten bereits richtig problematisch werden. Außerdem verbietet sich für mitdenkende Motorradfahrer Alkohol am Lenker sowieso grundsätzlich. ◄

Arai
Arai

Auf **die Spitze**

Aller guten Dinge sind bekanntlich drei und so führt diese erste Tour gleich zu drei spannenden Highlights in Slowenien: Es geht über fantastische Motorradstrecken hinauf auf den schönsten befahrbaren Berg des Landes – den Mangart. Spannende und kurvenreiche Landstraßen führen durch die traumhafte Schlucht des wilden Bergflusses Soča und man cruist über Sloweniens höchsten und kurvenreichsten Bergpass: den Vršič.

Immer eine Pause wert ist das mächtige Alpenpanorama am Mangart.

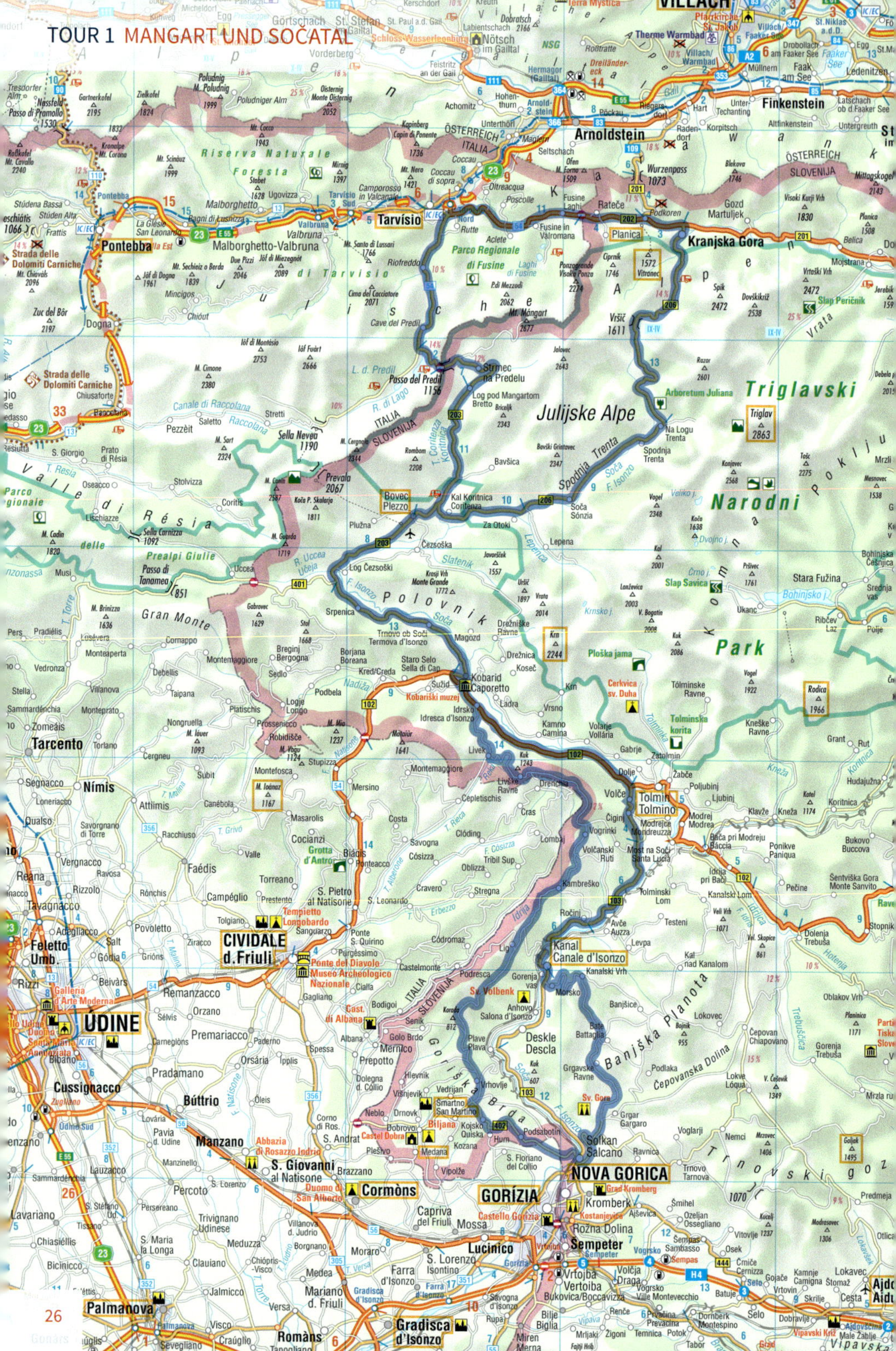
Villach
Arnoldstein
Finkenstein
ÖSTERREICH
ITALIA
SLOVENIJA
Tarvisio
Pontebba
Kranjska Gora
Planica
Vršič 1611
Mt. Mangart 2677
Passo del Predil 1156
Strmec na Predelu
Parco Regionale di Fusine
Laghi di Fusine
Riserva Naturale Foresta di Tarvisio
Julijske Alpe
Triglavski Narodni Park
Triglav 2863
Spodnja Trenta
Soča
Bovec Plezzo
Kal Koritnica
Log Čezsoški
Polovnik
Trnovo ob Soči
Kobarid Caporetto
Kobariški muzej
Tolmin Tolmino
Most na Soči
Kanal Canale d'Isonzo
Sv. Volbenk
Deskle Descla
Banjška Planota
Sv. Gora
Goriška Brda
Solkan Salcano
Nova Gorica
Gorízia
Cividale d. Friuli
Udine
Tarcento
Nímis
Cussignacco
Manzano
Cormòns
Palmanova
Gradisca d'Isonzo
Sella Nevea 1190
Prevala 2067
Valle di Résia
Prealpi Giulie
Strada delle Dolomiti Carniche
Sempeter
Lucinico

EXTRA-TIPP

BASISORT

Kranjska Gora (46.48835, 13.78956)

STRECKENLÄNGE

ca. 250 km

DAUER DER TOUR

6-8 Stunden

ROADBOOK

Kranjska Gora, Lago di Predil in Italien, Mangart, Bovec, Kobarid, Nova Gorica, Tolmin, Kobarid, Bovec, Vršič-Pass, Kranjska Gora

HIGHLIGHTS

Keine Frage, der Vršič-Pass mit seinen 50 Kehren ist ein echter Knaller (46.433067, 13.743339). Der charakteristische Mangart ist der vierthöchste Gipfel der Julischen Alpen und natürlich ebenfalls ein echtes Highlight (46.444535, 13.646074). Die Fahrt über das abgelegene Hochplateau im südlichen Teil der Tour ist stiller Genuss pur (46.036413, 13.671739).

Kehren mit Kopfstein: Der Vršič-Pass ist der höchste Pass Sloweniens.

Kranjska Gora, das ehemalige Kronau, ist sommers wie winters ein quirliges Städtchen. In der warmen Jahreszeit locken die über 2 500 Meter hohen Berge rund um die Gemeinde und im Winter steht der Wintersport ganz groß auf dem Kalender.

Das Dreiländereck von Österreich, Italien und Slowenien – die Grenzen liegen nur wenige Kilometer entfernt – ist der ideale Ausgangspunkt für eine der spannendsten Touren in Slowenien. Hier starten Kiki, die beste Sozia der Welt, und ich unseren Trip zum *Mangart* und entlang der *Soča*.

Ausläufer der Karawanken

Zügig düsen wir durch das Tal der *Sava Dolinka* gen Westen. Nördlich von uns strecken sich die westlichen Ausläufern der *Karawanken* in den strahlend blauen Himmel, im Süden sind es die Gipfel der *Julischen Alpen*.

Würden wir jetzt rechts abbiegen, wären wir nach nur zwei Kilometern in Österreich und ein paar Minuten später am ***Faaker See*** – nur einem von mehreren, die rund um ***Villach*** auf Wassersportler warten.

Es ist nur eine kurze Schleife vorbei an ***Rateče***, die uns zum westlichen Nachbarn Sloweniens führt. Hier bei Rateče beginnt der ***Nationalpark Triglav***, der einzige Nationalpark Sloweniens. Zudem wurden auf Ratečes weltbekannter Skiflug-Schanze schon zahlreiche Weltrekorde erflogen. Nur wenige Minuten später erreichen wir die Grenze nach Italien.

Lässig winkt uns ein Polizist weiter, entspannt ans Auto gelehnt. Großartig kontrolliert wird hier eher selten, zumindest nicht der Grenzübertritt. Öfter liegen italienische Ordnungshüter auf dieser Strecke mit der Radarpistole auf der Lauer. „Autostrada Alpe-Adria" steht auf dem großen Schild neben der Straße und wenn wir wollten wären wir ruckzuck am Mittelmeer. Wollen wir aber nicht.

Einladende Kehren

Also bleiben wir auf der SS54, lassen die Autobahnauffahrt rechts liegen und düsen Richtung Süden, in Richtung des grünen ***Val di Riofreddo***. Schön geschwungen mäandert die Straße entlang des ***Rio del Lago***, bevor sie sich mit ein paar einladenden Kehren jenseits des ***Lago del Predil*** wieder gen Osten wendet. Und schon fahren wir wieder unter dem Schlagbaum Sloweniens hindurch. Auch diesmal ganz ohne jede Kontrolle. Gut einen Kilometer nach der kaum erkennba-

Das Löwendenkmal am Predilpass.

Durch einen Tunnel geht es auf die Mangart-Rampe.

ren Grenze heißt es, den Blinker setzen. Auf der linken Seite lockt die Mangartstraße. Aber erst muss ich das Portemonnaie zücken, schließlich ist die zwölf Kilometer lange Strecke mautpflichtig. Macht aber nichts, der Betrag ist mickrig, gerade mal fünf Euro, und die höchste Straße Sloweniens ist jeden Cent wert. Übrigens ist das Mauthäuschen scheinbar nicht immer besetzt. Später bei der Rückfahrt werden wir niemanden mehr antreffen. Feierabend für heute – genug verdient.

Unbeleuchtete Tunnel

Steil aufwärts geht es von nun an, stetig bergan mit bis zu 14 Prozent Steigung auf einen der schönsten Gipfel der Julischen Alpen, den Mangart. Kurvenreich über spannende 17 Kehren zirkelt sich der Asphalt gen Himmel. Dabei führt die Strecke auch durch fünf unbeleuchtete Tunnel, zwei davon liegen sogar übereinander und kreuzen sich. Es heißt Augen auf in den finsteren Löchern. Bisweilen lösen sich Brocken von den Wänden und der Tunneldecke, die man dann schnell übersieht.

Nichts deutet heute übrigens mehr auf das verheerende Unglück im Jahr 2000 hin. Damals waren durch einen gewaltigen Bergrutsch Teile der Straße komplett zerstört worden. Im Nachhinein hatte das auch etwas Gutes. Die bis dato noch geschotterte Streckenführung wurde daraufhin komplett ausgebaut und asphaltiert. Aber Vorsicht, das heißt nicht etwa, dass es hier überall Leitplanken gibt, und oft geht es gleich neben der stellenweise schmalen Straße heftig in die Tiefe.

Ein paar Ziegen kreuzen vor uns die Straße. Wir passieren die dunklen Tunnel, genießen die knackigen Serpentinen. Graue Felsen wachsen mal rechts, mal links in den strahlend blauen Himmel, nur unterbrochen vom dichten Grün kleiner Nadelwälder und satter Wiesen. Hinter einem der Tunnel fließt ein kleines Rinnsal quer über die Straße.

Das fantastische Panorama über die endlose Zahl der Alpengipfel steigert sich mit jedem Höhenmeter bis wir schließlich in rund 2 500 Metern Höhe am Parkplatz ausrollen. Fast immer trifft man hier oben bei schönem Wetter auch andere genusssüchtige Moppedfahrer aus allen Ecken Europas. Da ist der eine oder andere Plausch vorprogrammiert und wir tauschen ein paar Erfahrungen und Tipps aus. Die letzten hundert Meter sollte man unbedingt zu Fuß über die Wiese vom Parkplatz weg bis zum Scheitel der Lahnscharte gehen, dann er-

TIPP DES AUTORS

Unser Tipp für unvergessliche Sommertage: Unbedingt ein leckeres Picknick auf den **MANGART** mitnehmen, hundert Meter von der Straße weggehen und vor der grandiosen Kulisse der slowenischen Bergwelt Aussicht sowie frisches Brot, Käse und Obst genießen.

Immer wieder tauchen auch tierische Verkehrsteilnehmer auf.

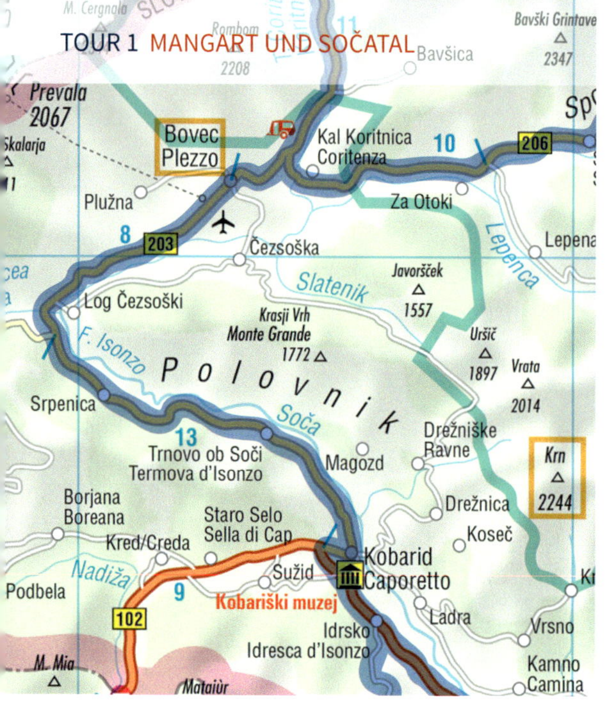

schließt sich eine einmalige Aussicht auch in Richtung Norden. Vorsicht übrigens bei Nebel: Nur ein paar Schritte weiter geht es dann rund 600 Meter fast senkrecht in die Tiefe. Wer hier ins Rutschen kommt, findet keine Bremse mehr. Wir sind begeistert, können uns kaum satt sehen. Wir setzen uns ins Gras, lassen uns die Sonne ins Gesicht scheinen und genießen lange das herrliche Panorama.

Irgendwann ruft dann doch die GS nach uns und schließlich stürzen wir uns wieder über die traumhafte Passstraße in Richtung Tal. Dort angekommen treffen wir bald auf die Soča. Das Flüsschen hat hier ganze Arbeit geleistet und eine traumhafte Schlucht gegraben. Die ist nicht nur bei Kanuten und Raftern beliebt. Entlang des herrlich türkis schimmernden, wild schäumenden Wassers düsen auch einige Motorradfahrer in Richtung Süden. Nicht ganz umsonst nennt sich diese Etappe der Straße 203 *Smaragdstraße*.

Toller Blick auf die Julischen Alpen.

Funkelnd und glitzernd wie Juwelen schießt das Wasser der Soča neben dem Asphalt durch die Schlucht. Einladende Badeplätze, kleine Kiesstrände und riesige Felsbrocken wechseln sich am Bachbett ab. Dazwischen tanzen ab und an bunte Kajaks zwischen den Strudeln und die Schlauchboote der Rafter driften über rauschende Stromschnellen. Einige Agenturen bieten tolle Raftingtouren an, eine tolle Sache, die gerade im Sommer richtig Spaß macht. Entlang der Strecke stehen immer wieder Werbetafeln mit Kontaktdaten und Adressen.

Frei wie ein Vogel

Adrenalinjunkies kommen in *Bovec* auf ihre Kosten. Dort, wo die Soča einen Knick von Süd nach West macht, liegt der spannende Zip Line Park. Mehrere Stahlkabel ziehen sich in großer Höhe über die Schlucht. Wer sich traut, hakt sich mit speziellen Karabinern gut gesichert ins Seil und rast dann, scheinbar frei wie ein Vogel, über die fantastische Landschaft. Eine tolle Sache, aber nur für Schwindelfreie. In der filmreifen Landschaft rund um Bovec wurden übrigens Teile des bekannten Films „Die Chroniken von Narnia" gedreht. Offizielle Begründung war die Ähnlichkeit der landschaftliche Kulisse zu Neuseeland.

Ich steuere das Motorrad an Bovec vorbei auf *Kobarid* zu. Für die langgezogenen Kurven sind jetzt auch mal wieder der fünfte und sogar der sechste Gang drin. Wie ein Uhrpendel schwanken wir von links nach rechts, hin und her. Der Geruch der Blumenwiesen und des frisch gemähtem Grüns auf beiden Seiten der Straße strömt aromatisch in den Helm. So macht Motorradfahren Spaß. In Kobarid gönnen wir uns in der Altstadt für

Idyllisch präsentiert sich der Ort Kanal ob Soči am Fluss Soča.

EXTRA-TIPP

Wer ein bisschen Kultur tanken möchte und sich für die Geschichte und die Menschen Sloweniens interessiert, schaut sich im hochinteressanten Museum von **KOBARID** um. Für die packende Darstellung und seine engagierte Arbeit erhielt das Museum den Museumspreis des Europarates. Führungen gibt es auch in Deutsch. Für angemeldete Gruppen gibt es auch ganz individuelle Programme sowie Führungen zu den Freilichtmuseen und Gebieten mit Überresten der einst umkämpften Isonzofront.

Weinbau hat Tradition in Slowenien.

kleines Geld zwei leckere Cappuccino und genießen die entspannte Atmosphäre des idyllischen Ortes.

Kobarid ist ein kleines, beschauliches Mittelzentrum und die westlichste Gemeinde Sloweniens. Wer sich für die slowenische Geschichte interessiert, kann in Kobarids Museum eine Menge über die Geschehnisse in den Bergen ringsum während des Ersten Weltkrieges erfahren. Hier tobten die schwersten Gefechte, die je in europäischen Bergen geführt wurden. 400 000 Soldaten der deutsch-österreichisch-ungarischen Armee lagen 850 000 italienischen Soldaten gegenüber. Während der legendären zwölften Isonzoschlacht im Oktober 1917 fielen in gerade mal vier Tagen über 18 000 Soldaten. In seinem weltbekannten Roman „In einem anderen Land" schilderte Ernest Hemingway, der als freiwilliger Sanitäter auf alliierter Seite an den Kämpfen teilnahm, seine damaligen Erlebnisse.

Das Schild in den Julischen Alpen verspricht Motorradspaß.

Kurvenreiche Bergstraße

Auch wir stoßen schnell auf die bewegte Vergangenheit der Region. Kurz hinter Kobarid verlassen wir das Tal und folgen der parallel verlaufenden kurvenreichen Bergstraße. Nur wenige Meter neben dem Asphalt entdecken wir im Vorbeifahren noch gut erkennbare Schützengräben und Stellungen. Ich halte an und wir klettern zwischen den Unterständen und Gräben herum, blicken hinab auf die Soča und das Tal, welches sich tief unter uns erstreckt. Die italienische Grenze liegt nur wenige Meter hinter unserem Rücken. Still und friedlich ist es hier. Nur schwer können wir uns vorstellen, welches Chaos hier einst tobte.

Mit Händen und Füßen

Über schmale, kaum befahrene Nebenstrecken folgen wir oben auf den Bergen dem Verlauf der Soča. Kaum bleiben wir mal in einem kleinen Dorf stehen, um auf der Karte nach dem Weg zu schauen, öffnet sich irgendwo eine Haustür und irgendein freundlicher Mensch bietet uns Hilfe an und erklärt uns mit Händen und Füßen den Weg. So kurven wir Dorf um Dorf weiter, blicken von den Gipfeln in die Ferne, halten an manchen Aussichtspunkten an, um die grandiosen Fernblicke zu genießen und rauschen dann weiter durch schattige Wälder.

Schließlich windet sich die Straße dann doch wieder ins Tal. Kurz vor *Nova Gorica* wird sie für ein paar hundert Meter rechts und links von Stacheldraht und Zaun begleitet. Ein Unikum, die Strecke führt dieses kurze Stück über italienischen Boden, und der will schließlich gesichert sein. Auch wenn heute das Schengener Abkommen die europäischen Grenzen durchlässiger macht, so ganz scheint man hier dem Frieden und dem freien Grenzverkehr noch nicht zu trauen. >

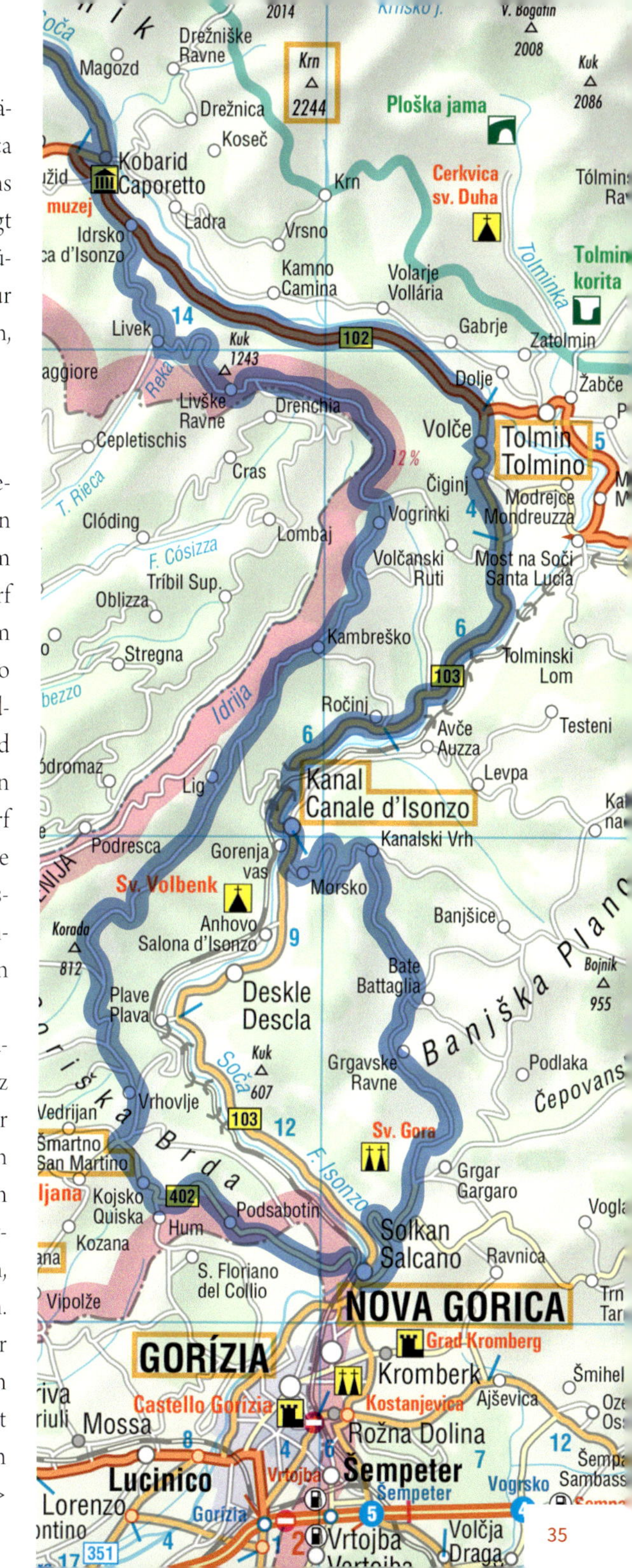

Wir kreuzen erneut durchs Tal, erklimmen dann die Berge der anderen Soča-Seite und überqueren das 700 Meter hohe Hochplateau von ***Banjšice***. Bei klarem Wetter kann man von hier bis zu den Gipfeln der Julischen Alpen und auf der anderen Seite bis ans Mittelmeer schauen. Und wer Ende Juli hier ist, erlebt am letzten Wochenende des Monats im Dorf Banjšice das traditionelle Heuerntefest. Der Festzug mit Wagen aus den umliegenden Gemeinden besteht aus der Darstellung der Heuernte von früher und heute und der alten Sitten und Bräuche. Zudem gibt es traditionelle kulinarische Spezialitäten aus dem Steinbackofen.

Kleine urige Orte liegen hier am Rand der schmalen Straßen, auf denen sich trefflich cruisen lässt. Es scheint, als gingen hier die Uhren deutlich langsamer als im Rest der Welt. An einem der zahlreichen, oft einsam gelegenen Aussichtspunkte mit Blick weit in die Landschaft stelle ich die BMW ab. Mit leckeren Zutaten zu einem gelungenen Picknick setzen wir uns ins weiche Gras. Ein paar zwitschernde Vögel, irgendwann einmal ein Trecker und ein schreiender Greifvogel, der hoch über uns seine majestätischen Runden durch den blauen Himmel dreht, mehr ist hier nicht zu hören. Lediglich ein leichtes Schnaufen kommt noch hinzu, als sich nach einigen Minuten zwei frei herumstromernde Ponys zu uns gesellen und zwei Apfelhälften abstauben.

Ein paar Vitamine später finden wir uns erneut mit dem Mopped an den Ufern der Soča wieder und folgen dem Wasser, nun stromaufwärts, entlang des Tals, bis wir zum zweiten

Gut besuchter Motorradtreff am Vršič-Pass.

Die Brücke über die Soča ist nur für etwas für Schwindelfreie .

Mal an diesem Tag Kobarid erreichen. Zwar geht es von dort an für einige Kilometer auf gleicher Strecke zurück, aber diese tolle Route ist es allemal wert, gleich mehrfach befahren zu werden. Außerdem sieht sie von der anderen Seite ganz anders aus und macht mindestens genauso viel Spaß. In Bovec verlassen wir die altbekannte Route und biegen scharf nach Osten ab. Auch hier schmirgelte die Soča kräftig an den Julischen Alpen und hat, wahrscheinlich speziell für erlebnishungrige Motorradfahrer, eine weitere fantastische Strecke geschaffen.

Bis *Trenta* führt der Asphalt ruhig und gemächlich zwischen mächtigen Alpengipfeln hindurch. Dann ändert sich der Verlauf schlagartig, es geht hinauf auf den *Vršič*, den höchstgelegenen Gebirgspass Sloweniens. Tatsächlich sind es genau 50 Kehren, die hinauf bis auf 1611 Meter und wieder hinunter führen. Wie so viele Verbindungen ist auch der *Vršič-Pass* ein Kind des Krieges. Von 1914 bis 1916 wurde er als Militärstraße von russischen Kriegsgefangenen gebaut. Die Russenkapelle „Ruska kapelica" auf der Nordseite des Passes erinnert an die vielen Todesopfer, die der Bau mit sich brachte. Allein bei einem Lawinenunglück im März 1916 starben über 400 Arbeiter.

Unvergessliche Landschaft

Der Verlauf des Passes, der wetterabhängig meist von November bis April geschlossen ist, ist ein Traum. Die spannenden Kurven führen durch eine unvergessliche Landschaft, flankiert von riesigen grauen Felstürmen windet sich der Pass den Berg hinauf. Schattenspendende Nadelbäume recken sich in den Kehren empor und beschirmen kleine Parkplätzchen, von denen sich Panorama und Strecke gleichermaßen bestaunen lassen. Wer ein bisschen Muße und Zeit mit-

Die Fahrt hinauf auf den 2677 m hohen Mangart ist einfach nur ein Traum.

bringt, biegt in Kehre 49 in die Zufahrt zur Quelle der Soča ab. Sie gilt als eine der schönsten im Alpenraum. Aus einer engen Felsspalte sprudelt das Nass als idyllischer Wasserfall in ein türkis schimmerndes Becken. Eine gelungene Belohnung für den gut fünfzehnminütigen, etwas beschwerlichen Weg.

Pass mit Kopfsteinpflaster

Trotz aller Euphorie ist auf dem Vršič-Pass selber Konzentration geboten. Die meisten Kurven des Vršič-Passes haben zwar einen mittelgroßen Radius, sind aber auch heute noch mit Kopfstein gepflastert und nicht jeder Stein ist immer da, wo er eigentlich hingehört. Besonders an den Straßenrändern findet sich zusätzlich einiges an Splitt und Steinchen. Manchmal schwemmt auch ein kräftiger Regenschauer Sand und Erde auf den Asphalt. Schon so mancher sich selbst überschätzender Biker hat hier, besonders bei Nässe, intensiveren Kontakt mit dem Pass aufgenommen. Aber keine Sorge, wer die Augen auf behält und sein Motorrad beherrscht, erreicht auch unbeschadet die andere Seite des grandiosen Vršič-Passes.

Dort, kurz vor Kranjska Gora, wo wir heute morgen diese Traumtour begannen, funkelt bei Kozorog der *Jasna-See* in der Sonne. Die Straße führt gleich daran vorbei und hier bietet sich eine fantastische Gelegenheit, die Tour auf der Wiese am Badesee beschaulich ausklingen zu lassen. Wem hier noch der Schweiß von der Befahrung des Vršič-Passes auf der Stirn steht, ist genau richtig: Mit einem kühnen Sprung ins frische Wasser ist alles wieder im Lot. ◀

INFOS ZUR TOUR

CHARAKTERISTIK

Diese Tour gehört zu den schönsten im Lande. Die legendäre Auffahrt hoch auf den **MANGART** in Verbindung mit der herrlichen Straße entlang des Soča-Tals und das anschließende Hochplateau bietet Abwechslung pur. Einfach grandios ist die Fahrt über den **VRŠIČ-PASS**. Fahrerisch ist alles dabei, was man sich wünscht. Die Route ist auch für weniger geübte Motorradfahrer machbar, wenn sie denn Kehren fahren können.

PÄSSE DER TOUR

Der **VRŠIČ-PASS** gilt als der schönste Pass Sloweniens. Mit etwas Umsicht ist er gut zu befahren. Die Kehren sind meist nicht sehr eng. Vorsicht ist bei Nässe geboten, dann kann das Kopfsteinpflaster rutschig werden. Gelegentlich werden durch Niederschlage Dreck und Steine auf die Straße geschwemmt. Wintersperre gilt von Ende Oktober bis Anfang Mai, das variiert jedoch. Aktuelle Infos dazu gibt es auf **alpenpaesse.de** im Netz.

ÜBERNACHTUNG

Apartment Haus Berghi
Borovška cesta 27, SI-4280 Kranjska Gora
Nette Zimmer und Apartements in verschiedenen Größen, auch für Gruppen.
www.berghi.si
GPS 46.484861, 13.792111

Hotel und Restaurant Kotnik
Borovška cesta 75, SI4280 Kranjska Gora
Familiäres Motorradhotel mit einladender Küche.
www.hotel-kotnik.si
GPS 46.484583, 13.786056

KOMBINATIONSMÖGLICHKEITEN

Für Vielfahrer und als Ergänzung zu dieser Tour bietet sich ein Abstecher nach Italien durch das Val Rio del Lago und durch den Parco Regionale Prealpi Giulie und zurück an. Damit lässt sich aus dieser Tagestour auch durchaus eine für zwei Tage bauen.

Zu Füßen des **Königs**

Diese an landschaftlichen Highlights reiche Tour führt gleich zu Beginn heran an den mit 2 864 Metern höchsten Gipfel Sloweniens und der Julischen Alpen: dem Triglav. Vom slowenischen Nationalsymbol geht es dann auf verschlungenen Wegen über das Hochplateau Pokljuka in die karstigen Berge der Jelovica. Zum krönenden Abschluss gibt es dann ein erfrischendes Bad im Bohinjsko jezero, dem größten See des Landes.

Nur per Boot ist die Insel-Kirche im Bleder See erreichbar.

VILLACH
VELDEN am Wörthersee
Klagenfurt
Krumpendorf am Wörthersee
Maria Wörth
Keutschach a.See
Viktring
Ebenthal in Kärnten
Finkenstein
St. Jakob im Rosental
Feistritz im Rosental
FERLACH
Arnoldstein
Wurzenpass 1073
ÖSTERREICH
SLOVENIJA
Kranjska Gora
JESENICE
Loiblpass 1368
Vršič 1611
Triglavski
Narodni
Park
Triglav 2863
Pokljuka
Bled
Lesce
Radovljica
Begunje
TRŽIČ
Jelovica
Kropa
KRANJ
Bohinjska Bistrica
Stara Fužina
Železniki
Selška dolina
Škofja Loka
Tolmin
Cerkno
Idrija
Žiri
Vrhnika
Logatec
NOVA GORICA
LJUBL
Banjška Planota
Trnovski gozd

TOUREN-STECKBRIEF

BASISORT

Bled (46.36664, 14.10837)

STRECKENLÄNGE

ca. 240 km

DAUER DER TOUR

6-8 Stunden

ROADBOOK

Bled, Mojstrana, Aljažev dom, Mojstrana, Bled, Pokljuka, Bohinjsko jezero, Bohinjsko Bistrica, Železniki, Škofja Loka, Kranj, Begunje, Bled

HIGHLIGHTS

Eines sollte auf dieser Tour auf keinen Fall im Gepäck fehlen: das Badezeug. Der Fluss Sava Bohinjka ist nicht nur ein Paradies für Paddler und Wassersportler, er bietet auch fantastische Bade- und Picknickplätze an seinen Ufern.

Der Berge der Jelovica locken mit tollen Straßen.

Pause im Triglav Nationalpark.

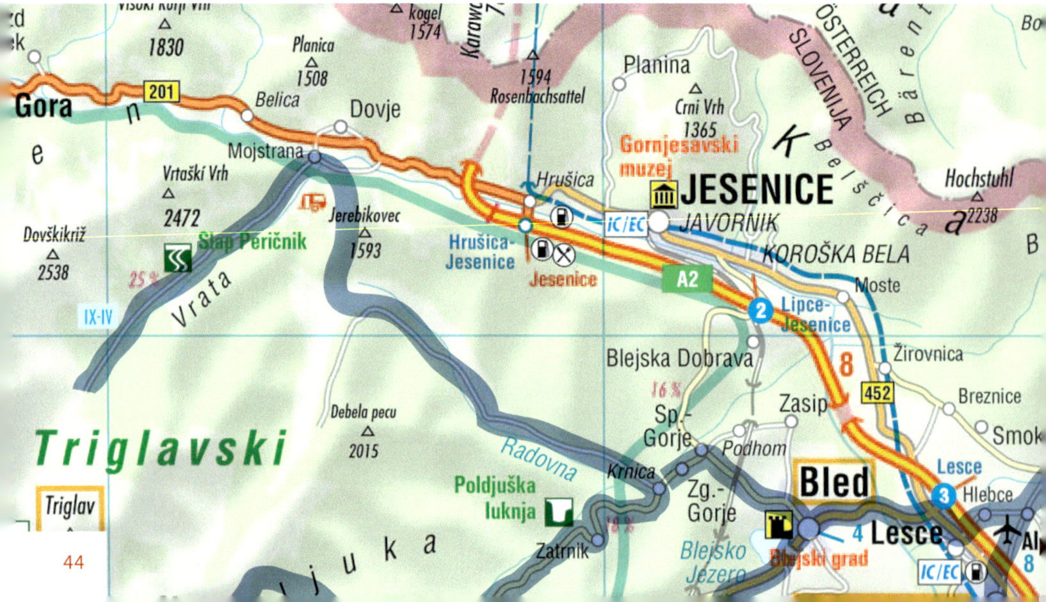

Ausgangspunkt dieser Tour, die uns nicht nur die Julischen Alpen und deren Vorland, sondern vor allem auch das slowenische Nationalsymbol, den 2 864 Meter hohen *Triglav*, näher bringt, ist das quirlige Städtchen *Bled* am gleichnamigen See. Die Stadt selber ist allemal einen Besuch wert. Hoch über dem See liegt auf einem steilen Fels die wehrhafte Burg, eines der ältesten Baudenkmäler des Landes: Blejski grad. Sie bietet nicht nur ein tolles Panorama über die Region und den Bleder See, sondern auch eine hochinteressante, historische Druckerei und eine angenehme Gastronomie mit köstlichen Weinen. Wer mag, darf sich sogar im burgeigenen Weinkeller eine Flasche Wein abfüllen und mit Wachs selber versiegeln. Gleich zu Füßen der Burg liegt mitten im See auf einer kleinen Insel – der einzigen Sloweniens – eine Marienkirche. Mit Booten kann man übersetzen oder eine kleine Kreuzfahrt unternehmen.

Ländliche Idylle

Auch Kiki und ich starten eine Kreuzfahrt, allerdings auf zwei Rädern. Unser erstes Ziel ist der ***Triglav***, nicht nur der höchste Gipfel der Julischen Alpen und Sloweniens, sondern gleichzeitig das wichtigste Nationalsymbol der Slowenen. Gerne wird er von ihnen auch als König bezeichnet. Unscheinbare Schilder weisen uns den Weg hinaus aus ***Bled*** in Richtung des ***Hochplateaus Pokljuka***. Richtung Westen, vorbei an reichlich mit Blumen geschmückten Bauernhäusern inmitten einer ländlichen Idylle, führt die Strecke entlang des Flüsschens Radovna. Je nach Wasserstand tanzen schon mal die bunten Kajaks der Wassersportler auf der schaumigen Wasserfläche.

Nicht weit hinter dem kleinen Dörfchen ***Lipniker*** warnt uns ein Schild am Straßenrand: „Konec Asfalta“ und schon geht der Asphalt in einen unbefestigten Straßenbelag über. Das ist aber kein Problem, die Oberfläche ist relativ fest und mit jeder Art Motorrad befahrbar. Wenn es nicht gerade vorher in Strömen geregnet hat, merkt man fast keinen Unterschied zu den Apshaltstrecken der Region. Im Schatten hoher Bäume gleiten wir durch dichtes Grün, abwechselnd huschen Buschwerk, Wald und kleine Lichtungen an uns vorbei.

Ein paar Ruinen mit einem Denkmal machen uns neugierig. Auf einem Schild lesen wir, dass wir uns in dem kleinen Weiler ***Srednja Radovna*** befinden. Am 29. September 1944 brannten deutsche Soldaten alle Häuser des Dörfchens nieder und erschossen die Anwohner. Die Landser rächten sich damit für den Tod zweier Soldaten durch Partisanen-Angriffe. Auf dem Denkmal sind die Namen der 24 Dorfbewohner festgehalten.

Nachdenklich rollen wir weiter. Auf unseren Touren durch Slowenien werden wir des Öfteren an diese unrühmliche Vergangenheit erinnert. Umso mehr wissen wir zu schätzen, wie freundlich wir als deutsche Touristen heute in dem Land empfangen werden. Nur wenige Kilometer weiter lockt uns ein weiteres Schild von der Straße: „Gogalova lipa“. Kleine Hinweisschilder machen uns immer neugierig. >

Nicht jede Landstraße ist asphaltiert.

Die Ruinen bei Srednja Radovna erinnern an traurige Vergangenheit.

Auf einer weiten Wiese, direkt neben einem Bauernhaus, lichtet sich das Geheimnis. Hier reckt eine mächtige Linde ihre grünen Äste 25 Meter hoch in den Himmel. Satte 6,21 Meter misst der Umfang ihres Stammes, ein gewaltiges Trumm. Das Alter dieser immer noch saftig grünen Linde wird auf etwa 500 Jahre geschätzt. Was mag dieser Baum schon alles gesehen haben? Kurz vor ***Mojstrana***, dem letzten Ort vor der Grenze des Nationalparks Triglav, ist die Strecke wieder geteert.

Die 500 Jahre alte Linde muss man lieb haben.

Mojstrana ist das ideale Basislager für Wandertouren auf den Triglav und in die drei Alpentäler Vrata, Krma und Kot. In ***Mojstrana*** liegt auch die Touristen-Info, dessen engagierte Mitarbeiter immer gute Tipps und tolle Ideen für spannende Outdooraktivitäten parat haben. Ob Alpinismus oder Mountainbiken, Klettern oder Gleitschirmfliegen – wer einfach mal etwas Neues ausprobieren möchte, ist hier genau richtig. Es gibt zwei, drei Läden, sympathische Restaurants und einen einladenden Campingplatz sowie eine ganze Reihe weitere Unterkünfte.

Geniales Panorama

Wir halten uns an die Beschilderung in Richtung des Nationalparks. Das *Tal Vratan*, die Straße zum *Triglav*, ist gut ausgeschildert. Wir folgen mit der GS den Pfeilen und Schildern und kommen damit dem 2864 Meter hohen Berg immer näher. Die Sicht auf den markanten Berg ist fantastisch, die Landschaft rechts und links des Weges nicht weniger. Nur allzu sehr sollte man sich von dem genialen Panorama nicht ablenken lassen. Bisweilen wird die Straße recht schmal und selbst mit dem Mopped müssen wir ab und zu rechts ran, um den Gegenverkehr im Schritttempo passieren zu lassen.

Beliebte Hütte

Schließlich erreichen wir nach gefühlten tausend Kurven das Ende des Tales. Eine größere Zahl geparkter Autos kündigt die ***Hütte Aljažev*** dom an. Wir lassen uns davor auf einer der Bänke nieder, ordern zwei heiße Kaffee und schauen den Kletterern beim Sortieren ihrer Seile zu. Die Hütte ist beliebt. Viele beginnen hier mit ihrer Erklimmung von Sloweniens Wahrzeichen. Näher kommt man motorisiert tatsächlich nicht an den ***Triglav*** heran. Ab hier geht es nur noch zu Fuß weiter. Kiki und ich sind uns einig: Der nächste Urlaub ohne Motorrad wird uns garantiert zum Wandern in diese herrliche Bergwelt führen.

Die Kaffeetassen sind leer, wir machen wieder kehrt, stoppen aber dann auf halber Strecke nach ***Mojstrana***. Nur ein paar Minuten neben der Straße liegt einer der schönsten und bekanntesten Wasserfälle Sloweniens, der ***Slap Peričnik*** – ihn muss man einfach gesehen haben. Wir lassen die BMW am gut besuchten Restaurant stehen und wandern ein wenig in den Wald hinein. Schon von weitem hören wir das Donnern und Rauschen des Wassers. Schließlich sehen wir ihn und sind mächtig beeindruckt. In einem riesigen Felskessel stürzt das Wasser erst aus 16 und dann aus weiteren 52 Metern Höhe in die Tiefe. Besonders faszinierend: Hinter dem Wasser-

TIPP DES AUTORS

Motorradstiefel aus, Wanderschuhe an: Der **TRIGLAV** bietet einmalige Wanderwege und -steige. Der perfekte Startpunkt ist die im Text beschriebene Hütte Aljažev dom. Wer es etwas einfacher haben möchte, umrundet als schöne Tageswanderung den See Bohinjsko jezero.

Am Slap Peričnik donnert das Wasser mächtig in die Tiefe.

Der Heuschober lädt zum Sonnenbad ein.

fall führt ein sehr schmaler Wanderpfad zwischen Fels und Wasser hindurch. Es wirkt geradezu gespenstisch, wie die gewaltigen Wassermassen nur wenige Meter vor uns vor dem blauen Himmel mächtig und sehr lautstark herunterdonnern. Da hat sich der kurze Fußweg allemal gelohnt.

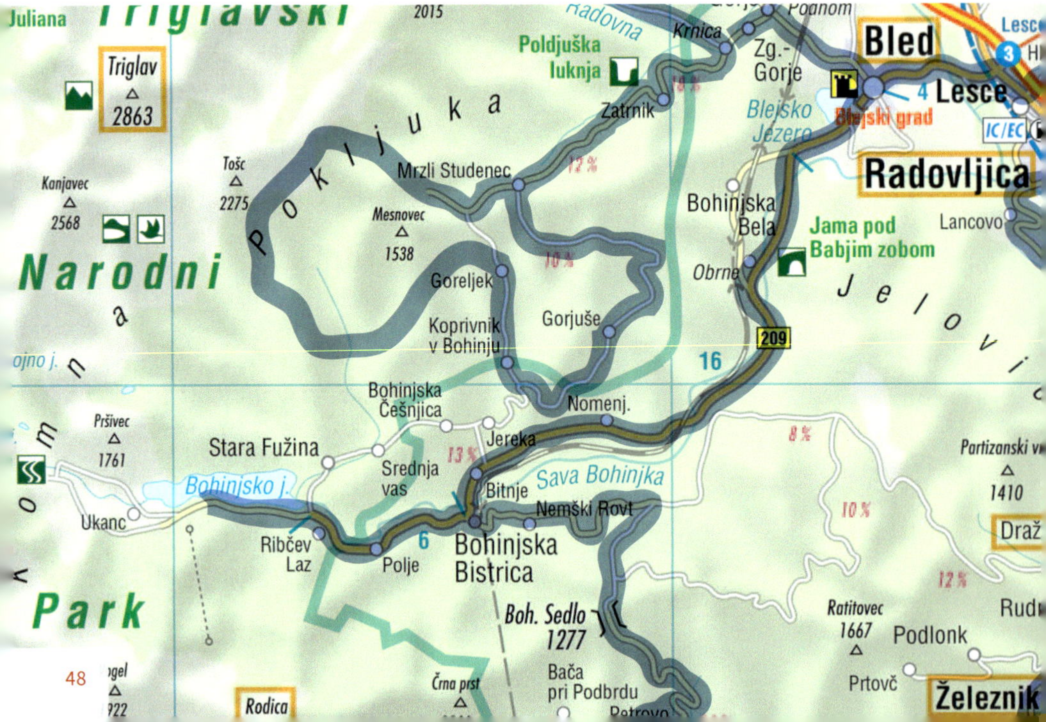

Bis ***Grabče*** kehren wir mit der BMW auf gleicher Route wieder zurück, wenden uns dann aber gen Süden, auf das ***Hochplateau Pokljuka*** zu. Es gilt eine spannende Rundtour, teilweise ebenfalls auf unbefestigten Wegen, zu absolvieren. Aber auch hier ist es kein Problem, mit jedem Motorrad dem Weg zu folgen – sicheres Beherrschen des Moppeds und halbwegs trockenes Wetter vorausgesetzt.

Wasserstop am See Bohinjsko jezero.

Tiefgrüne Weiden

Hinter ***Volkova*** gabelt sich der Weg und führt an einigen Skiliften vorbei in die bergigen, dicht bewaldeten Höhenzüge. Kleine, urige Ferienhäuschen liegen verstreut in den Wäldern. Viele Slowenen verbringen darin ihre Wochenenden, dennoch begegnen wir nur hin und wieder einem freundlich grüßenden Wanderer und noch weniger Autofahrern. Vorbei an grasenden Kühen und zerfallenen Holzscheunen zirkelt sich der Weg durch den Wald und an tiefgrünen Weiden vorbei. ***Rudno Polje, Sp. Podjelje*** und später das kleine Örtchen ***Koprivnik*** sind auf kleinen, unscheinbaren Holzwegweisern ausgeschildert. Aber egal, selbst wenn man eine andere Route durch die bergige Landschaft wählt, ein Verfahren ist scheinbar unmöglich, irgendwie erreicht man doch immer wieder die Landstraße.

Bei ***Koprivnik*** könnten wir rechts in Richtung Südwesten abbiegen. Bald wären wir dann schon am ***See Bohinjsko jezero***. Wir wollen aber aber eine große Schleife über Bled fahren, würden wir doch sonst die fantastische Strecke entlang des Flüsschens Sava Bohinjka verpassen. Also folgen wir den Schildern zurück nach Bled, umrunden den See südlich und steuern dann gen Westen. Eine landschaftlich unglaublich schön gelegene Landstraße folgt nun dem Fluss durch sein Tal über viele Kilometer bis zum ***See Bohinjsko jezero***.

Sonnenbaden, im Wasser baden, Kanu fahren, faulenzen: An den Ufern lassen sich erholsame Urlaubstage verbringen. Einige Jahre zuvor waren wir schon einmal hier und hatten einen großen Canadier dabei, mit dem wir viele Stunden über den See paddelten. Nebenbei bemerkt, Handtuch und Ba-

EXTRA-TIPP

Kulturfreunde besuchen Škofja Loka. Das Städtchen ist hochinteressant und bildschön. Es protzt mit einem mittelalterlichen Stadtkern und jeder Menge Sehenswürdigkeiten (**www.skofjaloka.si**). Außerdem lädt es mit netten Läden zum Shoppen, und die gemütlichen Restaurants und Bars sind auch einen Besuch wert.

dehose sollten bei schönem Wetter hier auch bei einer Motorradtour auf jeden Fall ins Gepäck gehören. Wir haben sie auch dabei und schmeißen uns direkt neben dem geparkten Motorrad für eine knackige Erfrischung ins kühle Nass: einfach herrlich.

Von der Sonne getrocknet, klettern wir wenig später wieder aufs Motorrad und nehmen Kurs auf *Bohinjska Bistrica*. Das sympathische Dorf verfügt ebenfalls über einen netten Campingplatz und ist bei Wanderern und Naturfreunden als Ausgangsbasis für tolle Touren sehr beliebt. Auch hier gibt es ein rühriges Touristenbüro mit kompetentem Team. Wir rollen durch das Dorf und steuern die südlich von *Bled* liegenden Berge an.

Der *Pass Bohinjsko sedlo* mit seinen 1277 Metern Höhe führt über einen von vielen Bergzügen, die diese Strecke zur Achterbahn machen. Ländliches Idyll, blumengeschmückte Häuser, zum Trocknen aufgehängte Maiskolben und Sonnenblumen, Heugarben und zahlreiche kleine Kapellen säumen den Weg durch diesen romantischen Abschnitt der südlichen Julischen Alpen. Tief unter uns im Bauch des Berges führt schon seit 1905 ein fast 6,5 Kilometer langer Eisenbahntunnel durch das Gestein.

An Kirchen und Kapellen mangelt es nicht in Slowenien

Holz für die Stradivari

Zu Füßen des über 1600 Meter hohen Ratitovec schlängelt sich die Strecke kurvenreich gen Osten. Wir sind hier fast alleine unterwegs und genießen die beschauliche Landschaft. Immer wieder tauchen wir in die dichten Wälder ein, rauschen durch dunkles, sattes Grün. Kurz vor ***Zali Log*** heißt es für uns ganz rechts heranfahren. Ein gar nicht so seltener Langholztransporter kommt uns entgegen und beansprucht die komplette Straße für sich. Die Forstwirtschaft ist hier ein profitables Geschäft und dank des nachhaltigen Konzepts und des hochwertigen Holzes wird sie das auch noch viele Jahre bleiben. Es heißt, Geigenbaumeister Antonio Giacomo Stradivari soll sich hier einst höchst persönlich das Holz für seine makellos klingenden Meisterwerke ausgesucht haben.

Ohne Kaffee geht gar nichts.

Gemütliche Pause

Bald erreichen wir den schönen Ort ***Škofja Loka***. Dessen Plätze und Gassen bieten sich für eine gemütliche Pause an. Auf dem zentralen Platz, umgeben von alten Häusern, lassen wir es uns unter den Sonnenschirmen der gemütlichen Straßencafés gut gehen und strecken die Beine aus. Wem der Sinn nach ein wenig Kultur steht, schaut im Stadtschloss im Museum vorbei. Überhaupt ist ***Škofja Loka*** voller Sehenswürdigkeiten. Das alte Rathaus, der Stadtpalast, der Getreidespeicher, vieles lockt hierher. Besonderes

Sehenswert ist die Burg von Begunje.

Die Hochebene Pokljuka ist eine Landschaft für die Seele.

ders interessant ist auch die historische Kapuzinerbrücke mit ihrer tragischen Geschichte. Sie wurde im 14. Jahrhundert auf Anordnung des Bischofs Leopold von Sturmberg errichtet. Kaum war die Brücke fertig, stürzte Leopold mit seinem Pferd von der geländerlosen Brücke ins Wasser und ertrank.

Mittelpunkt der Gorenjska

Der Weg zurück nach *Bled* führt an Kranj vorbei. Mit gut 55 000 Einwohnern ist *Kranj* die drittgrößte Stadt Sloweniens, wartet gleich mit zwei Schlössern im Stadtgebiet auf und gilt als kultureller und sportlicher Mittelpunkt der Region Gorenjska. Wer möchte, kann hier in den städtischen Trubel eintauchen, in den Gassen des Zentrums shoppen oder am Abend in einem der zahlreichen Restaurants Kranjs ein wenig schlemmen, ein Gläschen Wein in den gemütlichen Bars genießen oder einfach durch die Dämmerung schlendern. Das ist auch für uns ein reizvoller Gedanke, aber schließlich wollen wir ja noch zurück nach Bled und das sind noch ein paar Kilometer.

Also verlassen wir *Kranj*, folgen dem Fluss Sava in nordwestlicher Richtung und nehmen Kurs auf *Kropa*. Das Dorf *Kropa* steht schon seit 1953 als Kulturdenkmal komplett unter Schutz und gilt als eine der wichtigsten historischen Stätten Sloweniens. Schon seit dem 14. Jahrhundert wurde in *Kropa* Eisen verhüttet; es gab zwei Hochöfen und zahlreiche Schmieden.

Der rauschende Bach Kroparica trieb im Dorf zeitweise bis zu 50 Wasserräder an, die ihrerseits unzählige Blasebälge und Hammerwerke in Bewegung setzten. Am Dorfplatz, gleich am Wasserspeicher, stellen wir die BMW ab und schlendern ein wenig zwischen den alten und urigen Häusern hindurch. Außerdem genießen wir die Sonne und kommen gleich mit

Altertümliche Dörfer in der Jelovica.

Eine tolle Aussicht auf den See von Bled bietet die auf dem Berg thronenden Burg.

einem Einwohner ins Gespräch. Der empfiehlt uns, unbedingt einen Blick in das Schmiedemuseum zu werfen. Wir müssen ihm das für unseren nächsten Besuch versprechen, was wir aber auch gerne machen.

Prächtige Fassaden

Es mangelt in Slowenien wirklich nicht an bildschönen, historischen Städten und Dörfern. Kaum haben wir ***Kropa*** den Rücken gekehrt, erreichen wir schon den nächsten, nicht weniger sehenswerten Ort: ***Radovljica***. Die Plätze und Gassen der historischen Altstadt sind gesäumt von prächtigen Fassaden und hervorragend erhaltenen Gemäuern. Dazwischen laden Straßencafés und Bänke zum Verweilen und Erholen. Gerne wären wir noch ein wenig geblieben, aber langsam drängt es uns doch zurück nach ***Bled***.

Mit einem allerletzten Abstecher durch die bergige Landschaft südlich der Sava steht zum Abschluss dieser Tour noch die sehenswerte Ruine der ***Burg von Begunje*** auf unserem Programm. Wir erkunden das alte Gemäuer, klettern in den Felsen und zwischen den zerfallenen dicken Mauern umher, bis wir uns dann endgültig auf den kurzen Rückweg machen.

Nicht umsonst haben wir uns diesen Zeitpunkt für unseren Besuch in ***Bled*** ausgesucht. Es ist das vierte Juli-Wochenende: die traditionellen Bled-Tage starten. Beim Lichterfest schwimmen hunderte stimmungsvolle Lichter auf dem See, das farbenfrohe Feuerwerk malt riesige, bunte Sterne in den Himmel und auf der langen Uferpromenade wird ordentlich gefeiert. Der perfekte Abschluss, bevor es weiter in den Süden Sloweniens geht. ◄

INFOS ZUR TOUR

CHARAKTERISTIK

Diese Tour stellt keine sonderlich hohen fahrerischen Anforderungen, macht aber dennoch richtig Freude. Die Streckenführung bietet von der verwinkelten Bergstraße bis zur sportlichen Landstraße jede Menge Abwechslung. Fahrspaß ist damit garantiert.

PÄSSE DER TOUR

Der 1277 Meter hohe Pass Bohinjsko sedlo, auf deutsch Wocheiner Sattel, bietet auch ohne wilde Kehren viel Fahrvergnügen. Er ist fahrerisch wenig anspruchsvoll, aber etwas fürs Auge.

ÜBERNACHTUNG

Gasthaus Tulipan
Mojca Azman, Alpska Cesta 8, SI-4248 Lesce
Die Betreiber engagieren sich für Motorradfahrer und bieten Tourentipps sowie geführte Touren.
www.tulipan-azman.si
GPS 46.357333, 14.163639

Hotel Kompas
Cankarjeva cesta 2, SI-4260 Bled
Das Haus bietet 95 neu renovierte Zimmer, Pool, Sauna sowie Fitness-Center und regionale Küche.
www.kompas-lovec.com
GPS 46.366583, 14.110083

Camping Šobec
Šobčeva 25, SI-4248 Lesce
Schöne Anlage in einer Schleife der Sava Dolinka.
www.sobec.si
GPS 46.355944, 14.150139

KOMBINATIONSMÖGLICHKEITEN

Ein besonderer Leckerbissen für Reiseenduro-Fahrer sind die unbefestigten Routen im Dreieck zwischen Bled, Bohinjska Bistrica und Škofja Loka. Einfach in Bohinjska Bistrica eine Wanderkarte kaufen und den schmalen, unbefestigten Wegen folgen. Man kann nicht viel verkehrt machen und stößt stets wieder auf Asphalt.

Die **Geliebte**

Ljubljana ist die Hauptstadt Sloweniens. Die Universitätsstadt hat rund 280 000 Einwohner und ist wirtschaftliches und kulturelles Zentrum Sloweniens.

PREŠERNOV TRG Dies ist der zentrale Platz Ljubljanas. Das große Denkmal in der Mitte, mit seinen Stufen ein beliebter Treff- und Pausenplatz, erinnert an den slowenischen Dichter Prešeren. Im Straßencafé lässt es sich prima relaxen. Hier startet auch die Bahn für die interessante Stadtrundfahrt zu Füßen der dominanten *Franziskanerkirche*. Die dreiteilige *Tromostovje-Brücke* über die Ljubljanica stammt von dem bekannten Architekten Jože Plečnik.

DIE ALTSTADT Geht man über die Brücken der Ljubljanica, liegen auf der linken Seite die ebenfalls von Plečnik geschaffenen Kolonnaden. Hier findet regelmäßig vormittags der Markt statt. Im Schatten der Arkaden lassen sich dann gleich die erfrischenden Weintrauben verputzen. Ganz in der Nähe

Prešernov trg, zentraler Platz und Stätte der Begegnung.

der Brücken findet sich auch die Touristinformation. Sie ist gut ausgeschildert. Hier bekommt man Infos, einen Stadtplan, Veranstaltungstipps und vieles mehr. ***Mestni trg*** (Stadtplatz) und ***Stari trg*** (Alter Platz) gehen ineinander über, hier gibt es zahlreiche interessante Läden und Kneipen, die sich in den ***Gornji trg*** (Oberer Platz) fortsetzen.

DAS SCHLOSS Mit dem Mopped lässt sich das Schloss auf dem Berg über der Stadt problemlos anfahren. Besonders morgens, mit der Sonne im Rücken, ist der Blick über Ljubljana fantastisch. Ein Spaziergang durch die Anlage sowie ein Besuch des Schlossmuseums mit seinem geschichtlichen Rückblick sollte man sich keinesfalls entgehen lassen.

DIE LJUBLJANICA Folgt man dem Flussufer an den Marktkolonnaden vorbei, erreicht man schnell eine ganze Reihe einladender Cafés und Restaurants. Hier lässt es sich super draußen sitzen und relaxen.

FRÜHSTÜCK UND KAFFEE Ljubljanas Konditorei Nummer Eins ist die *Kavarna Zvezda* (Kongresni trg 4). Die hier angebotenen Kuchen sind ein Traum und der Gürtel wahrscheinlich hinterher zu eng. Ebenfalls sehr einladend ist *Le Petit Café* (Trg francoske revolucije 4). Das Café bietet ein sehr leckeres Frühstück, warme Getränke, köstliche Torten und Strudel, aber auch diverse Snacks. Dazu gehört ein einladender Sommergarten mit Blick auf das Napoleon-Denkmal sowie ein prima Restaurant mit überwiegend französischen Speisen.

In Ljubljanas Gassen lässt es sich herrlich bummeln und rasten.

LECKER UND ERSCHWINGLICH Slowenische Gerichte im *Zlata Ribica* (Cankarjevo nabrezje 5-7) oder die angesagte *Pizzeria Foculus* (Gregorciceva 3). Hier gibt es 66 verschiedene Pizzen frisch aus dem Holzofen.

INFORMATIONEN Auf der deutschsprachigen Internetseite **www.visit-ljubljana.com** gibt es einen großen Veranstaltungskalender, dazu unzählige Tipps für Ausflüge in die Region, Vorschläge zu Unterkünften, und es lassen sich Bootsrundfahrten durch die Stadt buchen. Noch mehr Tipps gibt es auf der sehr informativen Seite **www.slovenia.info** oder auch unter **www.facebook.com/slovenia.info**.

Grenz-
Erfahrung

Einer kurvenreichen Achterbahn gleich, windet sich der Asphalt wild durch die Steiner Alpen. Kernige Kehren und atemberaubende Ausblicke wechseln sich in der Grenzregion nach Österreich stetig ab. Zwei lohnenswerte Abstecher in bildschöne Täler, zwei kurzweilige Stadtbummel und ein Besuch beim österreichischen Nachbarn runden diesen abwechslungsreichen Trip ab – eine erholsame Runde für Genießer.

Irgendwo im Nirgendwo verläuft die Grüne Grenze zwischen Österreich und Slowenien.

Kamniško-Savinjske Alpe
Karawanken
Ljubljana
Kranj
Kamnik
Domžale
Škofja Loka
Vrhnika
Grosuplje
Litija
Tržič
Ferlach
Eisenkappel-Vellach
Bleiburg
Eberndorf
St. Kanzian a. Klopeiner See
Ebenthal in Kärnten
Grafenstein
Seebergsattel 1218
Paulitschsattel 1339
Logarska dolina
Solčava
Luče
Ljubno ob Savini
Radmirje
Gornji Grad
Kokra
Preddvor
Šenčur
Vodice
Menges
Medvode
Loibltunnel
Loiblpass 1368
Velika planina
Slap Rinka
Grintovec 2558
Skuta 2533
Österreich
Slovenija

TOUREN-STECKBRIEF

BASISORT
Kamnik (46.22584, 14.61164)

STRECKENLÄNGE
ca. 175 km

DAUER DER TOUR
5-6 Stunden

ROADBOOK
Kamnik, Kamniška Bistrica, Gornji Grad, Solčava, Paulitschsattel, Seebergsattel, Zgornje Jezersko, Kranj, Zbilje, Kamnik

HIGHLIGHTS
Dies ist eine Tour für Naturfreunde. Die beiden Abstecher in die Täler Kamniška Bistrica (46.306511, 14.608279) und Logarska Dolina (46.383868, 14.621810) führen durch fantastische Landschaften und bieten herrliche Panoramen. Die Kurvenorgien im Grenzgebiet zu Österreich sind Genuss pur und lassen sich beliebig verlängern.

Das Gletschertal Logarska Dolina gilt als eines der schönsten Europas.

Kamik bietet rote Ziegeldächer (oben) und einladende Gassen (unten).

Es ist schon ein schöner Platz hier. In der strahlenden Sonne sitzen wir auf einer gemütlichen Parkbank, gut beschattet von einem mächtigen Laubbaum. Ein paar Vögel zwitschern um die Wette und unter uns liegt das herrliche Panorama von *Kamnik*, einem der ältesten slowenischen Städtchen. Wehrhafte Wach- und schlanke Kirchtürme ragen zwischen den rot leuchtenden Ziegeldächern empor. Gegenüber, am anderen Ende der mittelalterlichen Stadtbebauung, ragt weißer und grau leuchtender Fels in den Himmel, durchbrochen von dichtem Grün.

Gleich hinter unserem Rücken liegt die kleine Burg Zaprice mit ihrem Heimatmuseum. Auf den dazu gehörenden Wiesen stehen verstreut alte Scheunen und Brunnen aus der Region, die ihren Weg hierher als Kulturdenkmäler gefunden haben.

Tal mit Sackgasse

Hier in *Kamnik*, der Stadt mit den zwei Burgen, starten wir unsere Rundfahrt durch die Steiner Alpen. Nur eine Hand voll Kilometer gen Norden, dann biegen wir in die lange Sackgasse des bildschönen Tales ein, an dessen Ende *Kamniška Bistrica* und die Quelle des gleichnamigen Gebirgsbaches liegt.

Steil steigen rechts und links die bewaldeten Berghänge auf. Neben dem Asphalt rauscht das glasklare Wasser des Flusses durch das steinige und verwinkelte Flussbett, Idylle pur. Im kleinen Örtchen *Kamniška Bistrica* gibt es einen Cappuccino als zweites Frühstück, dann geht es wieder durch das Tal zurück und weiter Richtung Osten. Fantastisch kurvenreich düsen wir die so genannte ***Bernsteinstraße*** entlang. Auch hier folgt die Route stets dem Geplätscher eines der zahlreichen Wildbäche. Kleine Weiler, ländliche Höfe, Heugarben und bunt blühende Blumenwiesen ziehen an uns vorbei.

In *Gornji Grad* stellen wir die BMW ab, schlendern ein bisschen durch das wohl romantischste Dorf der Untersteiermark. Natürlich werfen Kiki und ich auch einen Blick in die

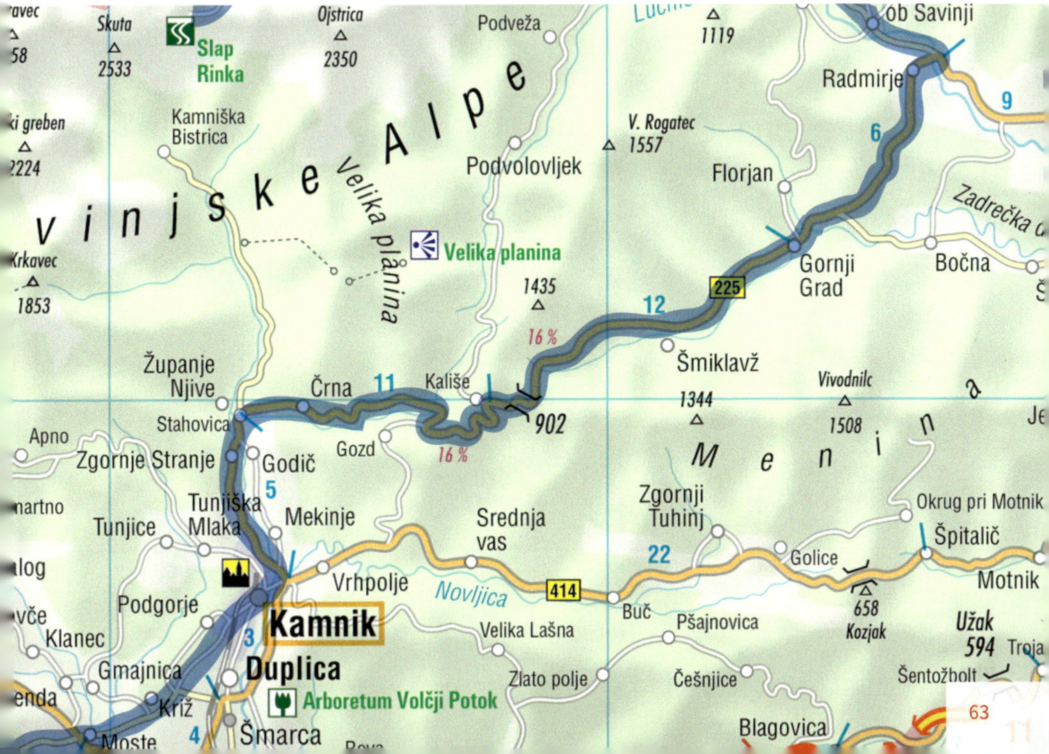

EXTRA-TIPP

Kamnik ist eine der ältesten slowenischen Städte. Neben dem mittelalterlichen Stadtkern besitzt es gleich zwei Burgen, eine sehenswerte Kirche, das Franziskanerkloster und ein sehr interessantes Freilichtmuseum. Das Büro der Touristeninformation liegt in der Straße Glavni trg 2.

Für die Straße durch die Logarska dolina ist Maut fällig, doch sie ist jeden Cent wert.

Schon bei der Einfahrt in das Gletschertal Logarska dolina baut sich ein majestätisches Gebirgspanorama auf.

beeindruckende Kathedrale der beiden Heiligen Hermagoras und Fortunatus, zu der einst ein befestigtes Benediktinerkloster gehörte. Das wurde aber bereits 1473 wieder aufgelöst, nachdem zwei Jahre zuvor *Gornji Grad* durch die Türken verwüstet wurde. Im alten Wehrturm stöbern wir durch die interessante Ausstellung alter Bücher, Karten und Fotografien.

Mit einem großen Schlenker in Richtung Nordwesten setzen wir den Trip entlang der *Bernsteinstraße* fort. Auch in diesem Tal, gleich zu Füßen der Kamnischen Alpen, folgen wir einem sprudelnden Gebirgsfluss, diesmal der Savinja. Mehr als einmal halten wir an, klettern auf den riesigen Felsblöcken im Wasser herum oder wagen uns über eine der zahlreichen Seilvn.

Kurz vor der Grenze nach Österreich, die sich hoch auf den Bergrücken entlang zieht, biegen wir in ein weiteres Tal ein: *Logarska Dolina*. Eigentlich steht in der Taleinfahrt ein kleines Mauthäuschen, aber die nette junge Dame winkt uns Motorradfahrer gleich weiter. Und der Abstecher ist mehr als lohnend, das Panorama einfach genial. Ein gewaltiges Felsmassiv hebt sich vor uns in den Himmel, darunter schlängelt sich die kurvige schmale Landstraße durch dunkel-

KURZ-INFO

Das Tal Logarska Dolina ist ein einmaliger Landschaftspark mit unzähligen Wanderwegen, Klettersteigen und Naturschauspielen.

grüne Wiesen, betupft mit knallgelbem Löwenzahn. Wer gut zu Fuß ist, kann am Ende des hochalpinen Tales einen der schönsten Wasserfälle Sloweniens besuchen: den Slap Rinka. Er stürzt sich aus rund 90 Metern Höhe in die Tiefe. Der Spaziergang dauert 20 Minuten.

Imposante Sattel

Viele Kurven später rollen wir auf einen Schlagbaum zu. Die Grenze nach Österreich ist erreicht. Am *Paulitschsattel* verlassen wir Slowenien. Die Strecke durch das Grenzgebiet ist unglaublich. Mit bis zu 14 Prozent geht es Steigungen hinauf und hinab, unablässig schlängelt sich das Teerband um natürliche Hindernisse herum. Wenn die dichten Nadelwälder den Blick in die Region freigeben, stockt unwillkürlich der Atem. Bis weit in den Horizont nichts als Grün, Berge und Natur. Nur ein paar Minuten später folgt die nächste Schranke. Über den *Seebergsattel* geht es zurück nach Slowenien.

Ab dem *Seebergsattel* heißt es bremsen. Steil stürzen wir uns ins Tal, die Flanken der Karawanken hinunter. Als touristische *Goldhornstraße* ausgezeichnet, windet sich die Landstraße 210 wie eine abgewickelte Luftschlan-

Ein informativer Wegweiser in den Steiner Alpen.

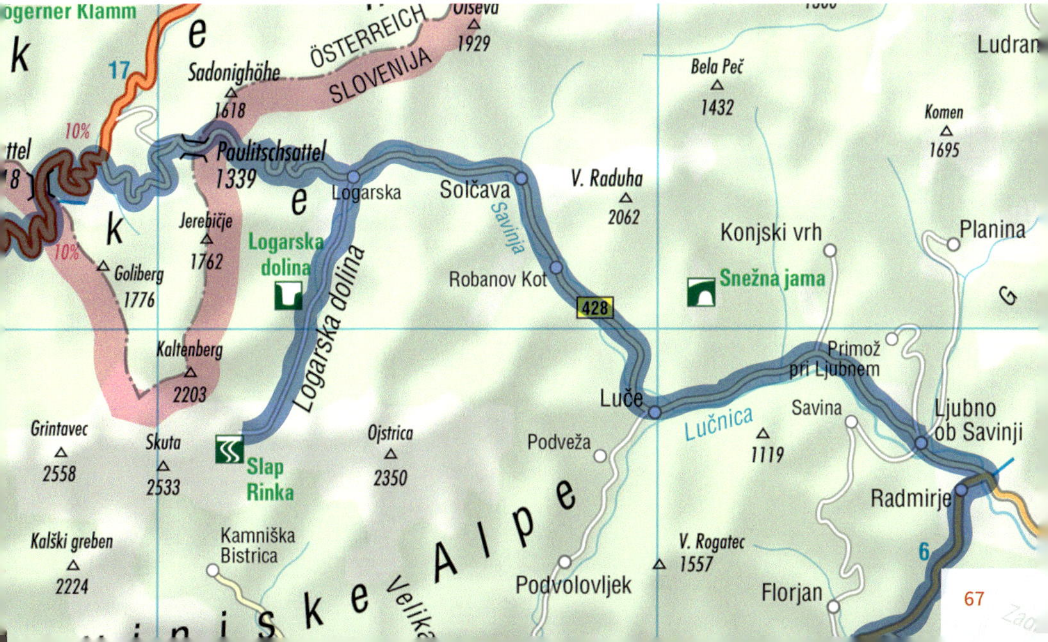

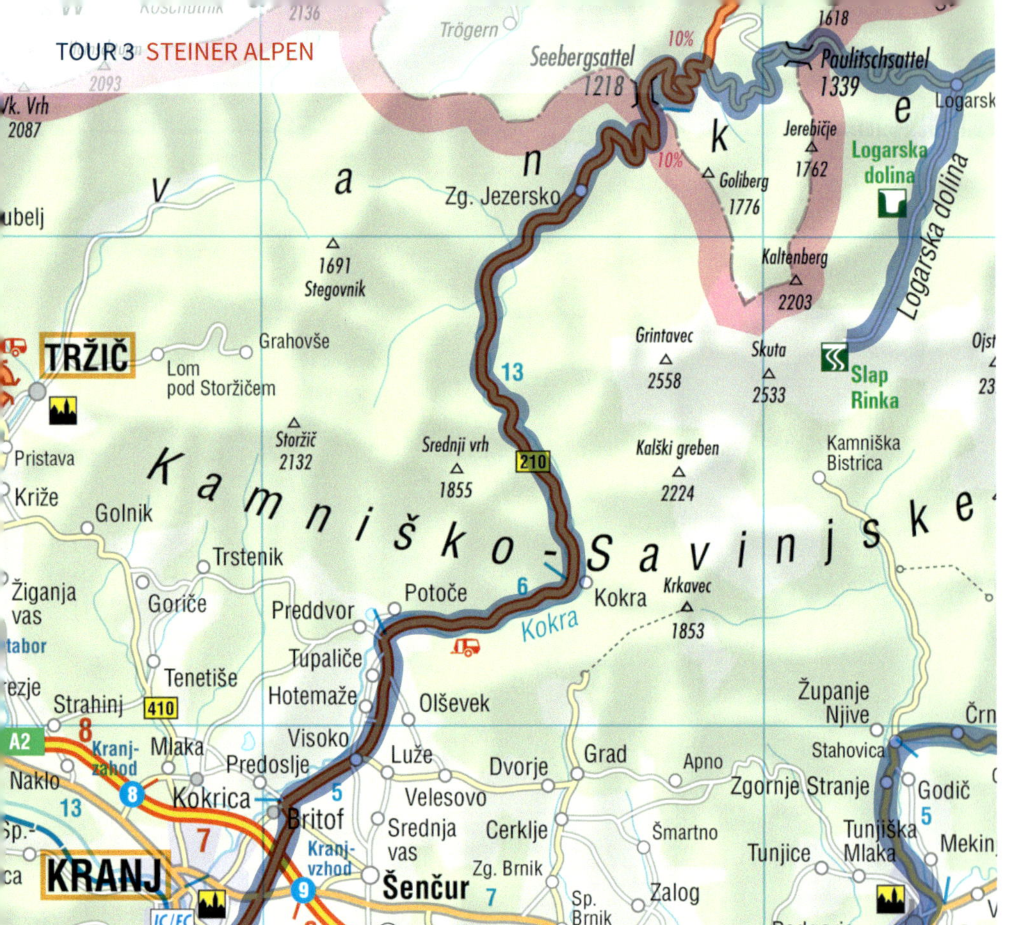

Der eiskalte Brunnen ist eine willkommene Erfrischung.

ge gen Süden. Die Kokra begleitet uns wild schäumend neben der Fahrbahn und bietet lauschige Picknickplätze ganz nach Wunsch unter schattigen Laubbäumen oder auf sonnenbeschienenen Felsrücken.

Kurz vor *Kranj* wird der Verkehr wieder etwas dichter. Entweder entschließt man sich hier zu einem ausgiebigen Stadtbummel, was sich in *Kranj* stets lohnt, oder man fährt eine ausgedehnte Schleife entlang der Sava, um bald wieder auf die *Bernsteinstraße*, um damit zurück zum Ausgangsort *Kamnik* zu gelangen. Ganz genusssüchtige Motorradfahrer lassen hier direkt die Tour 2 durch die Julischen Alpen anschließen. ◀

INFOS ZUR TOUR

CHARAKTERISTIK

Im Allgemeinen ist diese Tour eine klassische Bergtour, die zwar gewisse Anforderungen an den Fahrer stellt, aber entspannt zu fahren ist. Vorsicht ist geboten, wenn das Wetter umschlägt oder es vorher geregnet hat. Dann heißt es aufpassen: Regen und Wind sorgen bisweilen für ordentlich Dreck auf der Straße. Das gilt natürlich auch und besonders für den Herbst. Laub auf der Straße ist nicht unbedingt motorradfahrerfreundlich.

PÄSSE DER TOUR

Der Besuch in Österreich führt über den 1 339 Meter hohen **Paulitschsattel**, zurück in 1 218 Meter Höhe über den **Seeergsattel**. Auf der anderen Seite der Runde geht es über den 902 Meter hohen **Črnivec Pass** von Kamnik nach Gornji Grad.

ÜBERNACHTUNG

Mini Hotel
Vincarje 47, SI-4220 Škofja Loka
Freundliches Bed & Breakfast.
www.minihotel.si
GPS 46.166944, 14.295333

Glamping Bizjak
Zgornja Bela 20, SI-4205 Preddvor
Urige Holzhäuser mit perfektem Service.
http://glamping-bizjak-si.book.direct
GPS 46.299194, 14.400306

KOMBINATIONSMÖGLICHKEITEN

Wer möchte, fügt noch einen Österreich-Abstecher entlang der Vellach bis Sittersdorf und in die kleinen, spannenden Seitentäler ein.

Im **Karst**

Mitten in Slowenien wartet der Karst mit idyllischen Traumstraßen durch ländliche Regionen auf. Naturschauspiele, Schotterpisten, faszinierende Höhlen und mächtige Burgen sorgen für jede Menge kurzweilige Abwechslung. Auf dieser Rundtour geht es durch vom Tourismus noch ziemlich unerschlossene Gegenden. Dabei gibt es rechts und links des Weges stets neue Entdeckungen zu machen.

Die slowenische Karstlandschaft zeigt sich weit und wild.

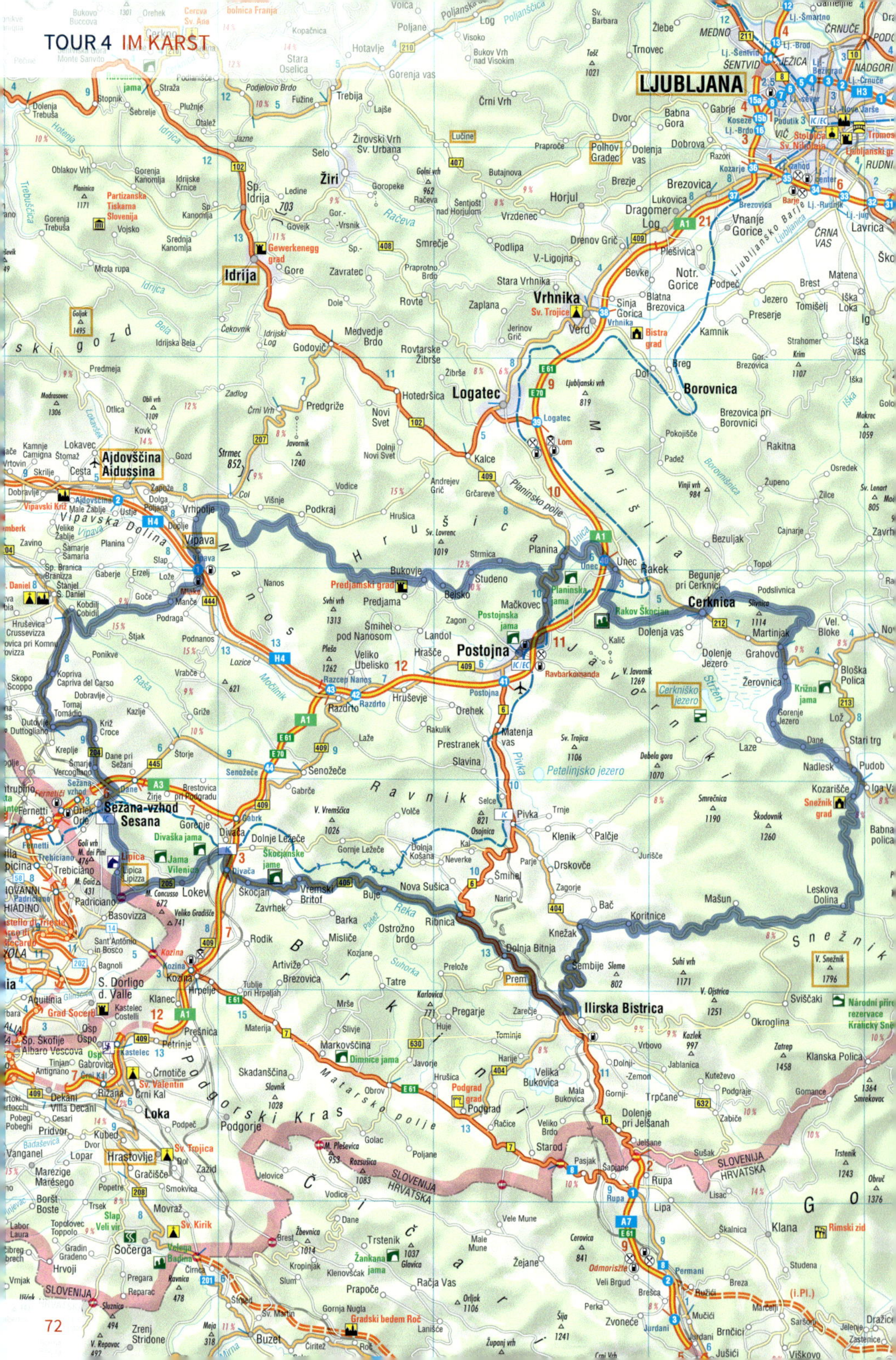

TOUREN-STECKBRIEF

BASISORT
Postojna (45.77453, 14.21281)

STRECKENLÄNGE
ca. 220 km

DAUER DER TOUR
6-7 Stunden

ROADBOOK
Postojna, Cerknica, Grad Snežnik, Mašun, Divača, Lipica, Stanjel, Zemono, Postojna

HIGHLIGHTS
Das Höhlensystem Postojnska Jama bei Postojna verschafft einmalige Eindrücke und ist doch nur ein Teil eines noch gewaltigeren Gesamt-Systems. 20 Kilometer davon stehen für Besucher offen und können teilweise mit einem Zug befahren werden (45.781227, 14.205215). Beeindruckend ist auch die Höhlenburg Predjamski Grad des Raubritters Erasmus von Luegg (45.815085, 14.128035).

Stellenweise ist man allein auf weiter Flur.

Oh ja, *Postojna* hat Erfahrung mit dem Tourismus. Bis zum Ende des Ersten Weltkriegs gehörte die Stadt zur österreichisch-ungarischen Monarchie und bildete den einzigen Zugang der Donaumonarchie zum Meer. Insbesondere die noch heute existierende Bahnstrecke Wien-Triest sorgte für nicht enden wollende Besucherströme.

Kurvenspaß im Karst.

Zu verdanken hat *Postojna* das in erster Linie dem gewaltigen Höhlensystem Postojnska Jama, welches auf der Welt seinesgleichen sucht. 20 Kilometer davon sind für Touristen geöffnet. Wer hier nicht in die Unterwelt abtaucht, verpasst wirklich etwas. Auch Kiki und ich wollen natürlich unter die Erde, aber erstmal lockt uns der Karst, die raue, aber schöne Landschaft rund um *Postojna*, in der es so viel zu entdecken gibt.

In nördlicher Richtung verlassen wir die Stadt, begleiten ein kurzes Stück die Autobahn und finden uns ruckzuck in einem dichten Waldgebiet wieder. Zahlreiche Picknickplätze und gepflegte und ausgeschilderte Wanderwege machen die Region für Ausflügler und Wanderer interessant. Sanft windet sich der Asphalt durch die ruhige und idyllische Landschaft.

Trotz aller touristischen Infrastruktur sind wir scheinbar ganz allein auf der Landstraße. Nur ab und zu begegnet uns ein Auto, hier und da überholen wir mal einen Radfahrer. Der graue Asphalt zirkelt durch dunkles Grün, dass sich umso mehr lichtet, je näher wir *Cerknica* kommen.

Moderate Schotterstraßen

Das ländliche Dörfchen hat nicht viel zu bieten, es wirkt fast ausgestorben. Das Umfeld ist dafür umso spannender. Auf der Landstraße 212 fahren wir am Dorf vorbei, um etwa vier, fünf Kilometer weiter dem kleinen Wegweiser „Slivnica" nach links abbiegend zu folgen. Auf moderater Schotterstraße geht es in unendlich vielen Kehren und Kurven stetig bergauf.

Unbefestigte Straßen gehören auch hier zur ganz normalen Infrastruktur und sind normalerweise mit jedem Motorrad problemlos zu befahren. Nur nach längeren Regenperioden kann der Belag schon mal etwas rutschig und unangenehm werden. Und wer nicht gerne das Mopped putzt, hat dann auch ein Problem.

Kleine Schilder weisen den Weg auf den *Berg Slivnica*. Wir folgen der Berg-

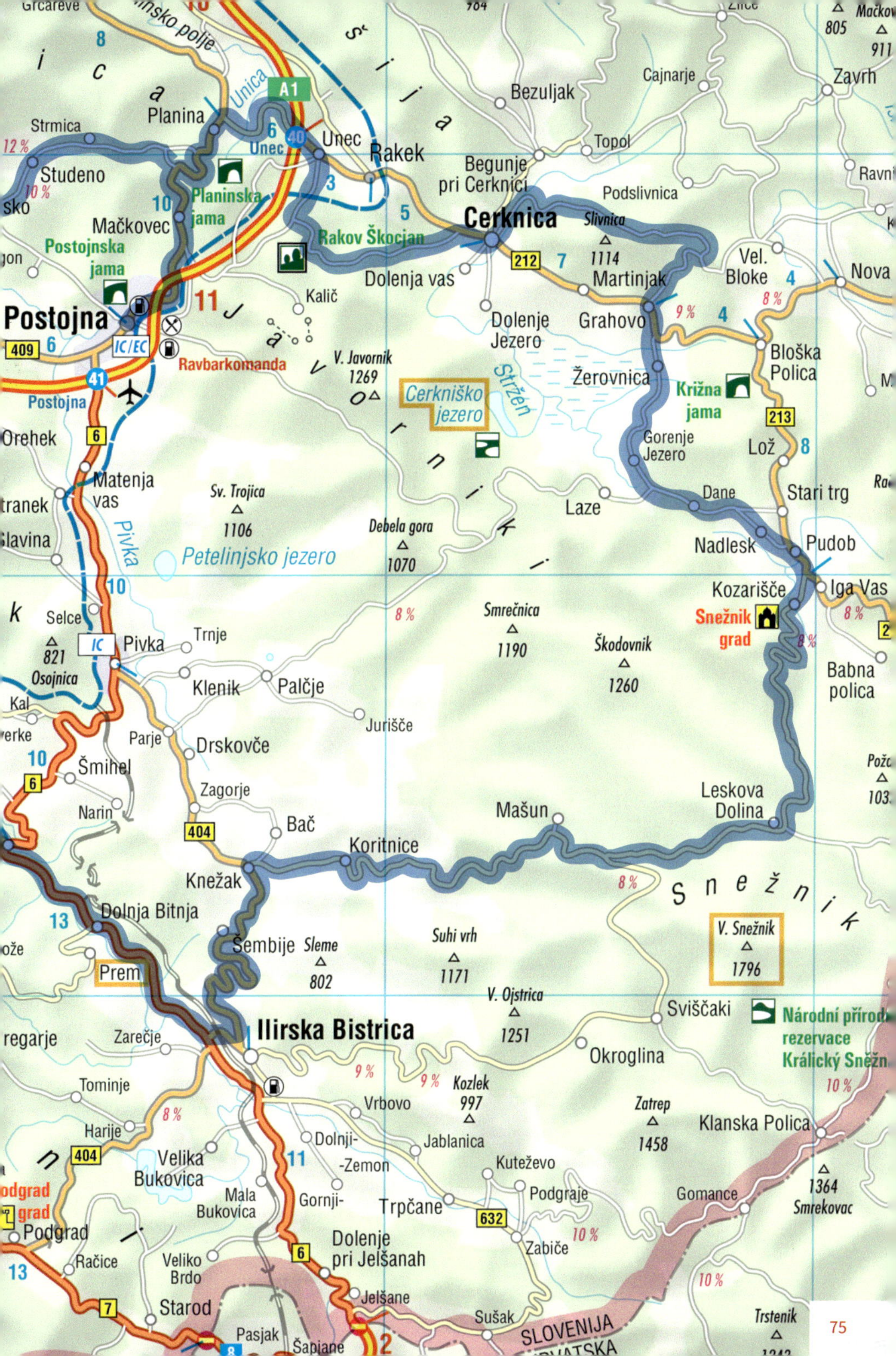
Planinsko polje
Unica
A1
Planina
Strmica
Studeno
Unec
Rakek
Bezuljak
Cajnarje
Zavrh
Topol
Begunje pri Cerknici
Podslivnica
Planinska jama
Mačkovec
Postojnska jama
Rakov Škocjan
Cerknica
Slivnica
1114
Martinjak
Vel. Bloke
Nova
Dolenja vas
Kalič
Postojna
Ravbarkomanda
Dolenje Jezero
Grahovo
Bloška Polica
V. Javornik
1269
Cerkniško jezero
Stržen
Žerovnica
Križna jama
Orehek
Javorniki
Gorenje Jezero
Lož
Matenja vas
Sv. Trojica
1106
Laze
Stari trg
Pivka
Debela gora
1070
Dane
Nadlesk
Pudob
Petelinjsko jezero
Kozarišče
Iga Vas
Selce
Snežnik grad
Smrečnica
1190
Škodovnik
1260
Osojnica
821
Trnje
Klenik
Palčje
Babna polica
Juršče
Parje
Drskovče
Šmihel
Zagorje
Narin
Leskova Dolina
Mašun
Bač
Koritnice
Knežak
Snežnik
Dolnja Bitnja
V. Snežnik
1796
Šembije
Sleme
802
Suhi vrh
1171
Prem
V. Ojstrica
1251
Sviščaki
Ilirska Bistrica
Zarečje
Okroglina
Tominje
Kozlek
997
Vrbovo
Zatrep
1458
Klanska Polica
Harije
Jablanica
Dolnji-Zemon
Velika Bukovica
Kuteževo
Mala Bukovica
Gornji-
Trpčane
Podgraje
Gomance
1364
Smrekovac
Podgrad
Dolenje pri Jelšanah
Zabiče
Račice
Veliko Brdo
Jelšane
Starod
Sušak
Pasjak
Šapjane
SLOVENIJA
Trstenik

Der See Cerkniško jezero glänzte bei dieser Aufnahme gerade durch Abwesenheit.

strecke. Oben angekommen sind wir echt begeistert. Zwar ist es ob der frühen Morgenstunde noch recht neblig, aber die Aussicht ins Tal ist schon mal fantastisch. Ein uriges Restaurant hat sich hier taktisch geschickt etabliert. Auf der Terrasse lässt es sich mit genialer Aussicht speisen und erholen. Für uns ist es noch etwas früh für ein Mahl, aber da der freundliche Wirt gleich mit uns ins Gespräch kommt, nehmen wir gerne sein Angebot an, wenigstens einen Kaffee bei ihm zu trinken. Mit dem heißen Becher in der Hand schauen wir von oben den Nebelschwaden zu, wie sie sich langsam aber sicher auflösen – ganz großes Kino.

Mächtiges Naturschauspiel

Die Tassen sind leer, über *Cerknica* stürzen wir aus 1114 Metern Höhe wieder talwärts und von dort gleich nur wenige Kilometer weiter zum nächsten mächtigen Naturschauspiel, dem *Cerkniško jezero*. Das ist Sloweniens größter See, manchmal jedenfalls, wenn er gerade da ist.

Der *Cerkniško jezero* ist ein so genannter periodischer See, der, je nach Jahreszeit und Niederschlag, schon mal knapp 40 Quadratkilometer groß sein kann. Im Sommer liegt er komplett trocken und auf den blühenden Wiesen leuchten Tausende bunter Blumen. Staubige Fahrspuren führen weit hinaus in das absolut flache Land. Ich bin neugierig und gebe Gas, folge den gut sichtbaren Wegen durch das flache Grün. Wird die Fahrspur etwas tiefer, schlingert die GS schon mal ein bisschen durch den Sand. Jetzt nur nicht bremsen, sondern immer am Gas bleiben – auch wenn es manchmal Überwindung kostet.

Ein großer Bogen durch das Gras und Schilf führt uns zurück auf den schmalen und kurvenreichen Asphalt sowie weiter durch die grüne Landschaft des Karst. Kleine Bauernhöfe und Weiler huschen an uns vorbei. Ab und an überhole ich einen Trecker. Hinter ***Nadlesk*** folgen wir dem Schild „Grad Snežnik“ und rollen bald vor einem bildhübschen Schloss aus.

Nicht nur das wehrhafte Gemäuer selbst ist erhalten geblieben, sondern auch seine komplette Einrichtung. Für kleines Geld lösen wir zwei Eintrittskarten und staunen über das antike Mobiliar, die alte Bibliothek und den spannenden Eindruck vom Leben im 18. und 19. Jahrhundert, den das kleine Museum so lebendig vermittelt. Ein bisschen gruselig sind allerdings die vielen Jagdtrophäen und die ausgestopften Tiere. Die sehen teilweise so lebendig aus, dass wir förmlich darauf warten, in dem antiken Gemäuer von einem Fuchs oder einem Wildschwein angefallen zu werden. >

EXTRA-TIPP

Die Region zwischen dem 1796 Meter hohen **SNEŽNIK** und dem 1260 Meter hohen **ŠKODOVNIK** bietet unendliche Schotterstrecken für Endurofahrer. Einfach mal die Wanderkarte, Getränke und ein Picknick einpacken und schon kann es losgehen.

Die Burg Grad Snežnik liegt am Ende des Tales Loška dolina.

Eine kleine Offroad-Einlage am wieder nicht vorhandenen Cerkniško jezero.

Und wieder geht es ab dem Schloss, wie öfter in Slowenien, auf unbefestigter Straße weiter. Das ist aber auch hier kein Problem: Der Belag ist fest, es lässt sich gut fahren. Selbst mit einer Harley oder einer Gold Wing sollte das Fahren hier kein Problem machen. Wer allerdings großen Wert auf ein blitzsauberes Mopped legt, der sollte lieber umkehren. Ist es trocken, staubt es, hat es geregnet, matscht es – freie Auswahl. Aber wir sind ja schließlich nicht vor der Eisdiele, sondern auf Tour.

Dunkler, dichter Wald rahmt die weitere Strecke ein. Hier zu Füßen des 1796 Meter hohen ***Snežnik,*** was auf

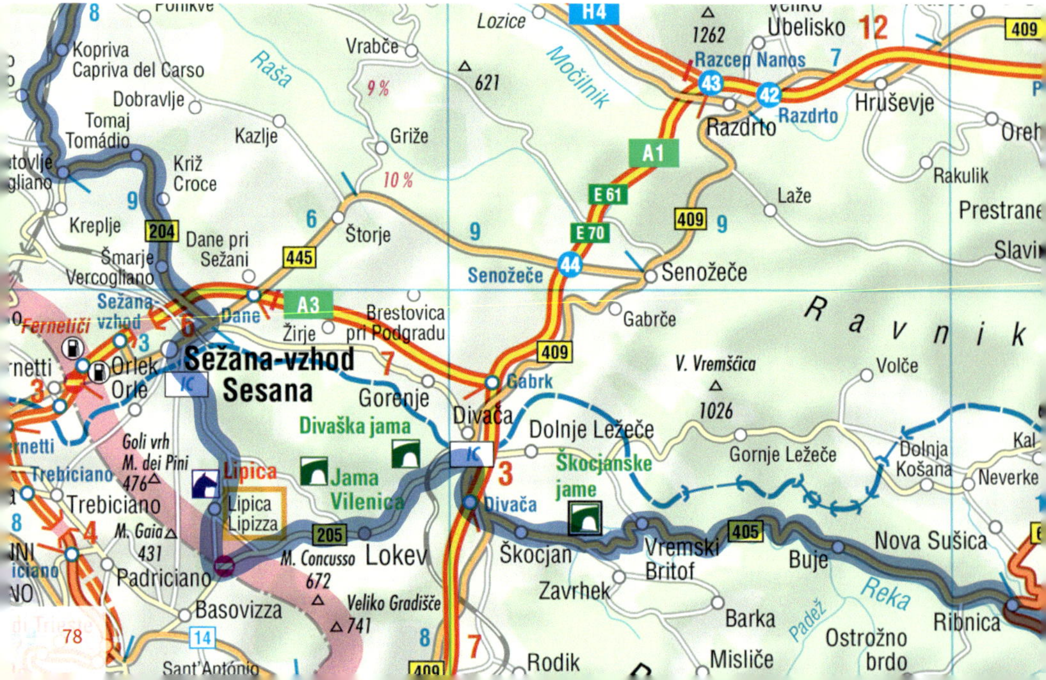

Futtermais ist eine schöne Dekoration am Straßenrand.

Deutsch Schneeberg bedeutet, tummelten sich einst wilde Tiere, gefährliche Räuber und türkische Horden. Wir können uns gut vorstellen, wie sich die Menschen fühlten, die in langen Fußmärschen früher die Wälder der Innerkrain durchqueren mussten. Heute drehe ich kurz am Gasgriff und die GS schießt locker über den Schotter dahin.

Eigentlich sind wir ja auch ganz froh, diese Region eher im Expresstempo durcheilen zu können. Schließlich ist hier Bärenland, genauer: Braunbärenland. Während es bisweilen in Deutschland oder Österreich keinen einzigen frei lebenden Braunbär mehr gab, war er in Slowenien niemals ausgestorben. Die Zahl der Bären in dem kleinen Land wird heute auf etwa 500 geschätzt. Eine gewaltige Zahl und es ist gar nicht so unwahrscheinlich, einem der pelzigen Kerlchen im Wald zu begegnen. Ob wir das allerdings möchten, bin ich gerade nicht so sicher. Also wickele ich noch ein bisschen mehr Gaszug auf, und bald lassen wir die dichten undurchdringlichen Hänge des *Snežniks* hinter uns – ganz ohne Bärentreff.

Schwungvoller Slalom

Ab *Mašun* gibt es wieder Asphalt und die Strecke bis *Knežak* ist einfach genial. Der Wald lichtet sich und nach links wird der Blick frei über die herrliche, hügelige und weite Landschaft. Ich fahre einen schwungvollen Slalom zwischen den Berggipfeln – bis ich jäh gestoppt werde. Etwas Braunes huscht

So macht man sich Freunde.

hurtig von links nach rechts über die Straße. Im ersten Moment bekomme ich einen Mordsschreck. Gerade noch den Braunbären im Kopf, realisiere ich aber sehr schnell, dass die Größe nicht passt. Außerdem ist kein Bär so schlank. So fix, wie das Reh aufgetaucht war, ist es auch wieder im Unterholz neben der Straße verschwunden. Aber egal, ich möchte weder ein Reh noch einen Bären vor dem Vorderrad haben, unangenehm ist mit Sicherheit beides.

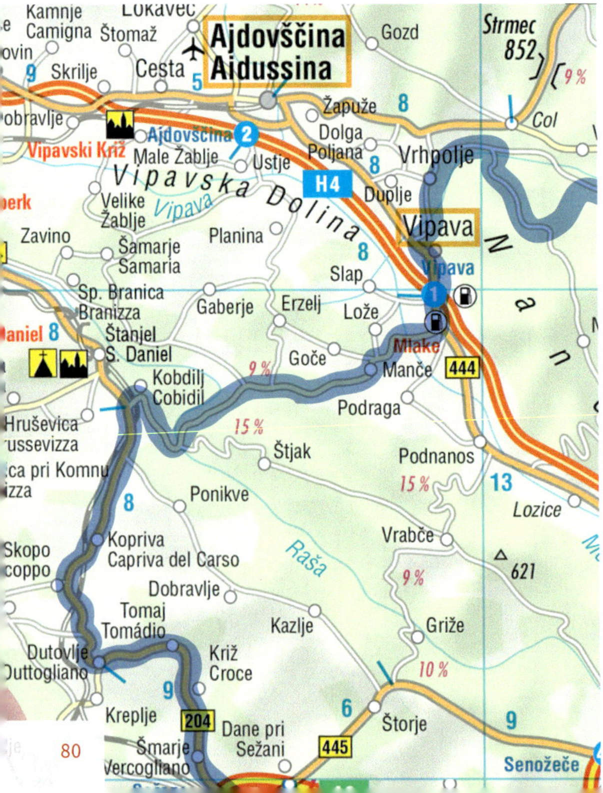

Zeit fürs Picknick

Etwas südlich von *Zagorje* parke ich die BMW auf einer Wiese am Straßenrand. Kiki und ich klettern drei, vier Meter die Böschung hinauf und lassen uns ins dichte Gras fallen – der ideale Platz für das gelungene Picknick inklusive Fernblick. Außer dem leisen Knistern des abkühlenden Motorrades und dem leicht rauschenden Wind in den Blättern der Bäume herrscht hier absolute Ruhe. Und es dauert fast 20 Minuten, bis das erste Auto unten auf der Straße an uns vorbei rollt.

Über die als Windstraße ausgeschilderte Landstraße 405 geht es später weiter gen Westen. Vorbei an Heumandln und trocknenden Maiskolben-Garben fahren wir auf die italienische Grenze zu und nähern uns damit auch der Gemeinde *Sežana* mit dem kleinen Ortsteil Lipica. Von hier stammen die legendären Lipizzaner, die schneeweiße, ganz spezielle Pferderasse, die sich seit Jahrhunderten kaum veränderte. Schon 1580 begann hier die Zucht der edlen Tiere. Andalusische Hengste werden mit einheimischen Stuten gekreuzt. Große Herden toben bei Lipica unter den schattenspendenden Bäumen über die Weiden. Wie wir schnell feststellen, sind die Tiere für ein paar Streicheleinheiten und ein bisschen Gras vom Straßenrand recht empfänglich.

Wer mehr über diese Pferderasse erfahren möchte, schließt sich den mehrsprachigen Führungen im Gestüt an oder gönnt sich eine Kutschfahrt durch das riesige Geländes. Und wer es ganz genau wissen möchte, bucht einfach ein paar Reitstunden, etwas einfacher geht es aber auch mit einem der geführten Ausritte.

Einladende Weinreben

Vorbei am idyllisch auf einem bewaldeten Berg gelegenen ***Stanjel*** düsen wir wieder in Richtung Nordosten. Bei ***Goče*** stehen Weinreben rechts und links der Straße Spalier. Dicke Trauben hängen an den Stöcken. Auf den Spitzen einiger Hügel stehen weiß, rot gedeckte Bauernhäuser, umgeben von säulenförmigem, hohem Wacholder. Fast könnte man meinen, wir hätten uns in die Toskana verirrt. Und ebenso abwechslungsreich wie in der Toskana schlängeln sich auch hier die Nebenstrecken durch die einladende, grüne Landschaft und bescheren uns immer wieder kurzweilige Schräglagen

Wein und Zypressen gibt es nicht nur in der Toskana, sondern auch in Slowenien.

und romantische Panoramen. Bei einem der Winzer stoppen wir und versuchen, etwas mehr über die Weine herauszufinden und einen Schluck zu kosten. Leider hapert es ein wenig mit der Kommunikation. Der englischsprachige Hausherr ist gerade nicht anwesend und mit Deutsch kommen wir nicht weiter. Macht aber nichts, der Geschmack überzeugt und eine der sehr leckeren Flaschen verschwindet dennoch im Koffer unserer BMW.

Imposante Höhlenburg

Genau in der Luftlinie zwischen unserem Winzer und *Postojna*, wo wir unsere Rundtour heute morgen starteten, liegt ein weiteres echtes touristisches Highlight Sloweniens: die ***Höhlenburg Lueg***. Was auf der Karte nur nach wenigen Kilometern aussieht, entpuppt sich allerdings als wahrer Traum an Kurven und so dauert es dann doch noch ein bisschen, bis wir vor dem großen Parkplatz der Burg ausrollen.

Es gehörte schon viel Fantasie beim einstigen Bauherren dazu, in einer 123 Meter hohen Felshöhle eine Burg zu errichten. Der Plan ging jedoch auf und seit dem 12. Jahrhundert trotzte die Höhlenburg mehr als einem Angriff recht erfolgreich. Der Erzählung nach soll sich der bekannteste Burgherr, der Raubritter Erasmus von

Die Höhlenburg Lueg bei Postojna war einst die Heimat von Raubrittern.

Diese Kurven müssen einfach im Sportmodus gefahren werden.

Luegg, über ein Jahr lang auf der Burg verschanzt haben. Seine Belagerer verspottete er, indem er sie mit Ochsenfleisch und Kirschen bewarf. Was die Angreifer nicht wussten: Es gibt einen Geheimgang, über den sich die Burg verlassen lässt. So war Lueggs Nachschub gesichert. Den Belagerern gelang es später nur mit Hilfe eines bestochenen Dieners, Erasmus von Luegg zu töten. Den Geheimgang gibt es heute noch, mit Fleisch und Kirschen wird allerdings nicht mehr geworfen.

Tolle Schräglagen

Gerne würden wir die Burg noch besichtigen, uns wird allerdings etwas die Zeit knapp. Es ist zwar nicht mehr weit bis ***Postojna***, aber für die beeindruckende Burg und ihr interessantes Museum wollen wir uns schon etwas Zeit lassen. Da wir auch die hinter der Burg liegende Höhle besichtigen wollen, nehmen wir uns das einfach für den nächsten Tag vor und schwingen uns wieder für ein paar abschließende Schräglagen aufs Motorrad.

Schräglagen ist das treffende Stichwort für die Windstraße, die Landstraße 409 nördlich von ***Postojna***. Zu Füßen des knapp 700 Meter hohen ***Berges Stari vrh*** trifft sich die Knieschleiferfraktion der Region. Hier locken einige knackige Serpentinen, und ich bin nicht schlecht überrascht, als mich das erste Rennbrötchen im Tiefflug überholt, obwohl der Tacho unserer BMW schon dreistellig anzeigt. In den Schaukurven fachsimpeln die slowenischen Rennfans über die jeweili-

Diese dagegen eignen sich für den Touristenmodus.

Nebenstrecken abseits der Hauptroute eignen sich für Erkundungen.

ge Haltung und den Stil. Wir mischen uns unter das Publikum und schauen den Burschen bei ihrem Kurventraining zu. Die Frage, ob hier nicht ab und an mal die Polizei auftaucht, wird verneint. Höchstens, wenn mal jemand stürzt, dann kämen die Polizisten meist gemeinsam mit dem Krankenwagen. Aber sonst, nein.

Paradiesische Verhältnissen, da sind wir in der Eifel oder im Bergischen Land ganz andere Konflikte gewohnt. Aber bekanntlich hat ja alles zwei Seiten und hier sieht es mit der Verkehrsdichte ja auch ein wenig bescheidener aus als rund um den Eifeler Rursee.

Gesittet unterwegs

Wir wünschen den Jungs noch viel Spaß und machen uns dann auf die letzten Kilometer zurück nach *Postojna*. Sehr gesittet und vorschriftsmäßig versteht sich.

Übrigens, wer jetzt noch immer nicht genug hat und noch mehr Naturspektakel sehen möchte, schaut auf den letzten Kilometern vor *Postojna* noch in der ***Höhle Planinska jama*** vorbei. Sie gilt als eine der größten Wasserhöhlen Europas und kann im Rahmen einer Führung mit dem Boot besichtigt werden: ein faszinierendes Erlebnis. Das komplette Höhlensystem, dessen Länge auf wenigstens 30 Kilometer geschätzt wird, ist bis heute noch nicht endgültig erforscht. Der Teil der Höhle, der befahren werden kann, ist rund sechs Kilometer lang.

Also, wir wissen schon, was wir morgen vor haben. Höhlenburg und Wasserhöhle – das perfekte Kontrastprogramm. ◂

INFOS ZUR TOUR

CHARAKTERISTIK

Diese Rundtour Nummer ist keine klassische Bergrunde. Aber es gibt reichlich Kurven und auch bergiges Land ohne Ende. Hier begeistern nicht die gewaltigen Pässe, sondern eher das Gesamtpaket. Das Ursprüngliche, das Hinterland, der Karst, den es zu entdecken gilt und auf dessen unerschlossenen Wegen man immer wieder Neues entdeckt. Dieser Teil Sloweniens ist eine eigene Welt, in der scheinbar die Uhren stehen geblieben sind. Schwierigkeitgrad: leicht.

ÜBERNACHTUNG

Postojna Cave Hotel Jama
Jamska cesta 30, SI-6230 Postojna
Ein modernes Hotel mit Restaurant direkt an den Grotten gelegen.
www.postojnska-jama.eu
GPS 45.782472, 14.203889

Apartments Leni
Malo Ubeljsko 4, SI-6225 Postojna
Sympathische Apartments in ländlicher Lage mit gefälliger Ausstattung.
www.bedandbreakfast.eu
GPS 45.761333, 14.086389

KOMBINATIONSMÖGLICHKEITEN

Diese Tour 4 liegt relativ zentral zwischen den anderen Routen dieses Buches und lässt sich perfekt mit Tour 5 kombinieren. Triest, die faszinierende Hauptstadt der Region Friaul-Julisch Venetien liegt gerade mal zehn Kilometer von Lipica entfernt und bietet sich für einen Abstecher an. Im Nordosten der Tour lässt sich ein spannender Ausflug nach Sloweniens Hauptstadt Ljubljana anschließen, im Südosten auf den 1 260 Meter hohen Snĕžník-Pass sowie den 1 796 Meter hohen gleichnamigen Berg.

An der **Küste**

Die slowenische Küste ist überschaubar. Was ihr an Länge fehlt, macht sie durch Flair und Schönheit wett. Sympathische Küstenstädtchen, mediterranes Ambiente, herrliche Strände – es gibt unzählige Gründe diesem Teil der Adria einen Besuch mit dem Motorrad abzustatten. Und das Hinterland des schmalen Küstenstreifens glänzt mit kleinen, kaum befahrenen Nebenstrecken. Wenn man schon mal da ist: Ein Besuch im Nachbarland Kroatien schadet auch nicht.

Kurz und gut ist Sloweniens Küstenstreifen.

NOVA GORICA
Ajdovščina
Aidussina
Gradisca d'Isonzo
Ronchi dei Legionari
MONFALCONE
Sistiana
Golfo di Panzano
Sežana-vzhod
Sežana
TRIESTE
Golfo di Trieste
Tržaški zaliv
Múggia
KOPER/CAPODÍSTRIA
IZOLA/ÍSOLA D'ISTRIA
PIRAN/PIRANO
PORTOROŽ/PORTOROSE
Piranski zaliv
Umag
Umago
Buje/
Buie
Grožnjan
Grisignana
Motovun
Móntona
Novigrad/Cittanova d'Istria
Tar/Torre
Poreč/Parenzo
Pazin
Buzet
Hrastovlje
Lokev
Divača
Vipava
Istarske Toplice
Sv. Marija na Škrilinama
Beram
Logat
Postojna

TOUREN-STECKBRIEF

BASISORT

Koper (45.5471, 13.72562)

STRECKENLÄNGE

ca. 170 km

DAUER DER TOUR

5 Stunden

ROADBOOK

Koper, Izola, Piran, Korte, Smarje, Peraji, Buzet, Dane, Podgorje, Klanec pri Kozini, Koper

HIGHLIGHTS

Touristische Highlights dieser Tour sind die bildschönen slowenischen Küstenstädtchen Koper (45.549715, 13.727665), Izola (45.533256, 13.653287) und Piran (45.527397, 13.567974), in denen sich jeweils locker mehrere Tage verbringen lassen. Das fahrerische Highlight aber ist der sehr lohnenswerte Ausflug hinüber nach Kroatien durch einsame, bergige Landschaften.

Idyllisch ist die Altstadt von Izola.

Cappuccino-Pause in der Hafenstadt Koper.

Ja, sie ist überschaubar, die slowenische Küste. Gäbe man ein bisschen Gas, es würde wohl keine ganze Stunde dauern, dann wäre sie von Süd nach Nord komplett befahren. Gerade mal knapp 50 Kilometer beträgt der Anteil Sloweniens an der Adria. Dass Hetze aber viel zu schade wäre, steht außer Zweifel.

Kaffee an der Promenade

Koper ist die einzige Seehafenstadt Sloweniens. In einem der netten Straßencafés gleich an der Promenade sitzen Kiki und ich beim Frühstück und blättern in der Karte. Ein Zimmer haben wir am vergangenen Abend sehr schnell gefunden. Das funktioniert in Slowenien meist recht gut.

Wie so oft, wurden wir angesprochen, als wir mit der BMW ins Zentrum rollten. „Brauchen Sie ein Zimmer?" fragte der nette, ältere Herr in fast akzentfreiem Deutsch. Fix haben wir uns auf einen Preis geeinigt und wenige Minuten später bezogen wir bereits ein einfaches, aber sauberes Privatzimmer bei netten Menschen.

Ein Frühstück war nicht dabei, aber wo lässt es sich besser stärken, als an der frischen, salzhaltigen Luft am Meer unter blauem Himmel? Gegen-

Sightseeing funktioniert in dieser Altstadt auch motorisiert.

über, hinter der anderen Straßenseite, dümpeln die Sportboote im Wasser. Leinen und Flaggen flattern im Wind, die Wellen schwappen leise vor sich hin und ab und zu ruft eine Möwe nach ihren Artgenossen. Der Cappuccino schmeckt.

Wichtiger Seehafen

Wir schwingen uns aufs Mopped und rollen erstmal Richtung Seehafen. Am Kai werfen wir einen Blick auf die riesigen Pötte, die beladen mit Hunderten von Containern in den Becken liegen. Mächtige Kräne greifen mit stählernen Fingern in ihren Bauch und hantieren geradezu spielerich mit den tonnenschweren Behältern, ein faszinierender Anblick. Kopers Seehafen ist wichtig für das Land. Bis nach Amerika und in den Fernen Osten reichen die Routen der gewaltigen, bis zu 180 000 Tonnen Fracht fassenden Seeschiffe.

Über die als Windstraße ausgezeichnete Küstenstraße verlassen wir Koper und gelangen bald nach *Izola*, einem bildhübschen Küstenstädtchen mit bewegter Vergangenheit. 1253 rief *Izola* seine Selbstständigkeit aus. Das forderte die Neider heraus; die Folge waren heftige Konflikte mit den umliegenden Regionen. Später gehörte das Hafenstädtchen zu Venedig, bald darauf den Habsburgern, schließlich zu Italien. Einst war der Ort eine echte Insel, später wurde der schmale Mee-

Piran ist das touristische Highlight der Slowenischen Riviera .

TIPP DES AUTORS

In **PIRAN** mit seiner außergewöhnlichen Lage, der venezianischen Architektur und der faszinierenden Altstadt haben wir locker einen ganzen Tag verbracht. Einfach mal das Motorrad stehen lassen und zu Fuß die Gassen und Plätze dieser bildschönen Stadt erkunden: Es lohnt sich.

Seit 700 Jahren sind Sloweniens Salinen in Betrieb.

resstreifen zwischen *Izola* und dem Festland mit den Resten der Stadtmauer zugeschüttet. Am kleinen Hafen, gleich neben den vertäuten Sport- und Fischerbooten parken wir die GS und schlendern durch die schmalen, schattigen Gassen zwischen den bunten, restaurierten Häusern.

Die Schönste der Drei

Auch die dritte bedeutende Küstenstadt Sloweniens, *Piran*, ist unbedingt einen Besuch wert. Sie ist vielleicht der Schönste der drei Küstenorte. Wir heben uns den Besuch aber für den Abend auf, wenn die Bars und Restaurants geöffnet haben. Jetzt gilt unser Interesse erstmal den interessanten Salinen an der Grenze zu Kroatien.

Sie sind die am nördlichsten gelegenen Salinen des Mittelmeers, und schon seit gut 700 Jahren wird hier Salz gewonnen. Das kleine Museum mit Shop zeigt die Geschichte der Salzgewinnung und für kleines Geld gibt es nicht nur Salz sondern auch andere regionale Produkte. Wer mag, kann übrigens auch den Besuch von Piran mit den Salinen verbinden. In Piran startet regelmäßig ein Schiff hinüber zu den Salinen.

TIPP DES AUTORS

Ein hochinteressantes Ausflugsziel ist das Delta an der Grenze zu Kroatien mit seinen bekannten **SALINEN**. Zwischen den blendend weißen, riesigen Salzhügeln wähnt man sich in einer anderen Welt.

Kaum haben wir mit der GS der Küste den Rücken zugewandt, wird es ruhig, sehr ruhig. Fast alleine sind wir auf den kleinen, verwinkelten Nebenstrecken des Hinterlands. Unser Ziel ist ***Korte***. Der kleine, aber schöne Ort bietet eine tolle Sicht auf die Küste, auf die Salinen und das umliegende Land mit seinen weinbewachsenen Bergen und Hügeln.

Die umkreisen wir wenige Minuten später auf herausfordernden Serpentinen, schmalem Asphalt und urigen Dorfdurchfahrten. Zwischen Tausenden von Weinstöcken hindurch und an kürbisübersäten Feldern vorbei steuere ich die BMW in Richtung Norden. Immer ländlicher, immer einsamer wird das Umland. Kilometerlang geht es nur durch grüne Natur, bis wir hinter ***Peraji*** auf die kroatische Grenze zufahren. Der Grenzer, der recht gelangweilt in der Sonne auf seinem Stuhl sitzt, nickt uns nur freundlich zu und ruckzuck finden wir uns auf der langen, schnurgeraden Landstraße 201 wieder, die uns auf Buzet zuführt. >

An der Grünen Grenze locken viele Kurven (oben) und Wein am Wegesrand (unten).

Das Brunnenhaus kann man zum Picknick nutzen.

Ab hier geht es hoch in die kroatischen Berge, auf das *Hochplateau Ćićarija*. Dunkle, schwarze Wolken über dessen Gipfeln lassen nichts Gutes erwarten. Und tatsächlich, während Kiki und ich noch die fantastische Aussicht unterhalb des 1014 Meter hohen *Žbevnica* genießen, hören wir auch prompt ein heftiges Grollen und Rumoren aus der Richtung der düsteren Wolken. Unerschrocken steuern wir optimistisch mitten hinein in die Bergwelt, aber schon nach wenigen Minuten platschen die ersten dicken Tropfen vom Himmel. Gerade als wir das kleine Bergdorf Dane erreichen, geht es dann auch schon los mit dem Unwetter.

Ich halte Ausschau nach einem Unterstand oder einem Dach und passiere prompt eine kleine steinerne Hütte mit einladend weit geöffneter Tür, perfekt. Das dörfliche Brunnen- und Waschhaus scheint ideal für wasserscheue Moppedfahrer und während draußen mit heftigem Niederschlag ein kerniges Sommergewitter rumpelt, lassen wir uns im trockenen Häuschen das Picknick munden.

Entlang der Schienen

Eine knappe Stunde später ist der Spuk verflogen. Die dunklen Wolkenberge ziehen weiter gen Westen und lassen einen strahlend blauen Himmel und eine tolle Fernsicht zurück. Auf den nassen Straßen steigen kleine Nebelschwaden auf, in rasendem Tempo trocknet der Asphalt. Ein frischer Geruch von feuchtem Gras, Holz und Wald steigt in die Nase und begleitet uns bis zurück nach Slowenien.

Hinter *Podgorje*, einige Kilometer hinter der Grenze, verlassen wir die Straße und folgen der geschotterten Strecke entlang der Bahnschienen. Hier hat es scheinbar überhaupt nicht geregnet, alles ist trocken, nirgendwo eine Pfütze. Nach vier Kilometern schwenken wir nach Osten, auf die breite, gut ausgebaute Landstraße 10

Unterwegs im Hochplateau Ćićarija (oben) entdeckt man manch tolle Pflanze (unten).

Kurze Pause mit Panorama-Aussicht.

in Richtung Küste, die wieder als touristische Windstraße ausgeschildert ist. Die Kurven geben den Blick auf die Küstenlandschaft frei. Es herrscht zwar mehr Verkehr als auf den kleineren Nebenstrecken, aber dafür ist hier ist schnell mal ein Auto überholt.

Zankapfel Triest

Übrigens sind es von hier nur wenige Minuten bis in die italienische Hafenstadt Triest, die unbedingt einen Besuch wert ist. Bis zum Fall des Eisernen Vorhangs war Triest ein steter Zankapfel zwischen Italien und dem damaligen Jugoslawien. Heute schert die EU-Binnengrenze niemanden mehr und die Stadt ist ein beliebtes Ausflugsziel, auch für Slowenienurlauber.

Ein paar schnelle Schlenker noch, dann steuern wir endgültig wieder auf die Küste zu und bald finden wir uns im Gewirr der Straßen von *Koper* wieder. Verfahren kann man sich hier nicht: Wir folgen einfach dem Lauf der Abendsonne und schon landen wir an der Hafenpromenade. Ein Stück rollen wir noch am Kai entlang, dann lassen wir mit einem Cappuccino am gleichen Tisch wie heute morgen diese Rundtour stilecht ausklingen. ◂

Klein aber fein präsentieren sich Sloweniens Küstenstädtchen.

INFOS ZUR TOUR

CHARAKTERISTIK

Diese Tour ist genau richtig für einen entspannten Sommertag unter blauem Himmel, denn sie eignet sich bestens zum Relaxen, Genießen und Durchatmen. Es ist keine Tour für Schnell- und Vielfahrer, lässt sich für Kilometerfresser aber perfekt mit der Istrien-Hinterland-Tour kombinieren. Für uns war es einfach nur ein herrlich entspannter Tag mit der perfekten Kombination von Meer und Hinterland.
Schwierigkeit: leicht.

ÜBERNACHTUNG

Hotel Belvedere

Dobrava 1a, SI-6310 Izola
Hotel mit netten Zimmern und gemütlichen Apartments sowie Camping und Restaurant.
www.belvedere.si
GPS 45.531000, 13.634194

Guest House Stara Sola Korte

Korte 74, SI-6310 Izola
Das sehr ansprechendes Haus mit 17 hübsch eingerichteten Zimmern ist in einer ehemaligen Schule untergebracht.
www.stara-sola.com,
GPS 45.489278, 13.662778

KOMBINATIONSMÖGLICHKEITEN

Diese Tour 5 geht im Prinzip nahtlos in die Tour 7 nach Istrien über. Ein kurzer – oder auch längerer – Abstecher ins italienische Triest ist daher ebenso machbar wie ein Abstecher auf die gleich benachbarte kroatische Halbinsel Istrien. An der rund 50 Kilometer langen Adriaküste Sloweniens finden sich jede Menge einladende, in der Nebensaison auch einsame Badebuchten. Motorrad- und Badeurlaub lassen sich dort vortrefflich miteinander kombinieren.

Im Land des Apfels

Ganz ehrlich gesagt, kaum ein Motorradfahrer kennt die Region zwischen Ljubljana und Maribor, diese einsame Region in Sloweniens östlicher Mitte. Uns ging es ebenso, bis wir dort unterwegs waren. Ganz zu unrecht führt die Grenzregion zu Kroatien eher ein Schattendasein. Hier hat das Wort „Geheimtipp“ wirklich noch seine Berechtigung. Es gibt viel zu sehen und zu erfahren, auf geht's!

Kurvenspektakel im Kozjansko, dem größten Regionalpark Sloweniens.

Slovenske Konjice
Slovenska Bistrica
Konjiška gora
Vojnik
Žalec
CELJE
Stari grad
Šentjur
Rogaška Slatina
Cerkev Sv. Petra i Pavla
Sotelsko jezero
Kostelski grad
Pregrada
Dvorac Veliki Tabor
Slivniško jezero
Rifnik grad
Laško
Zdravilišče Laško
Podčetrtek
Olimje grad
Kozjanski Park
Spominski Park
Kozje
Bistrica ob Sotli
Kumrovec
Muzej Staro selo
Kunšperk grad
Bizeljski grad
Bizeljsko
Trebče
Podsreda
Podsreda grad
Rimske Toplice
Radeče
Zidani Most
Sava
Jurkloster
Bohor
Ajdovski gradec
Sevnica
Sevniški grad
Senovo
Rajhenburg grad
Brestanica
KRŠKO
Brežice
Brežice grad
Čateške toplice
Mokrice grad
Samobor
Kostanjevica
Kostanjevica grad
Kartuzija Pleterje
Grad Otočec
Novo Mesto
Dolenjske Toplice
Šmarješke Toplice
Gorjanci
Žumberak
Žumberačka gora
Samoborska gora
SLOVENIJA
HRVATSKA

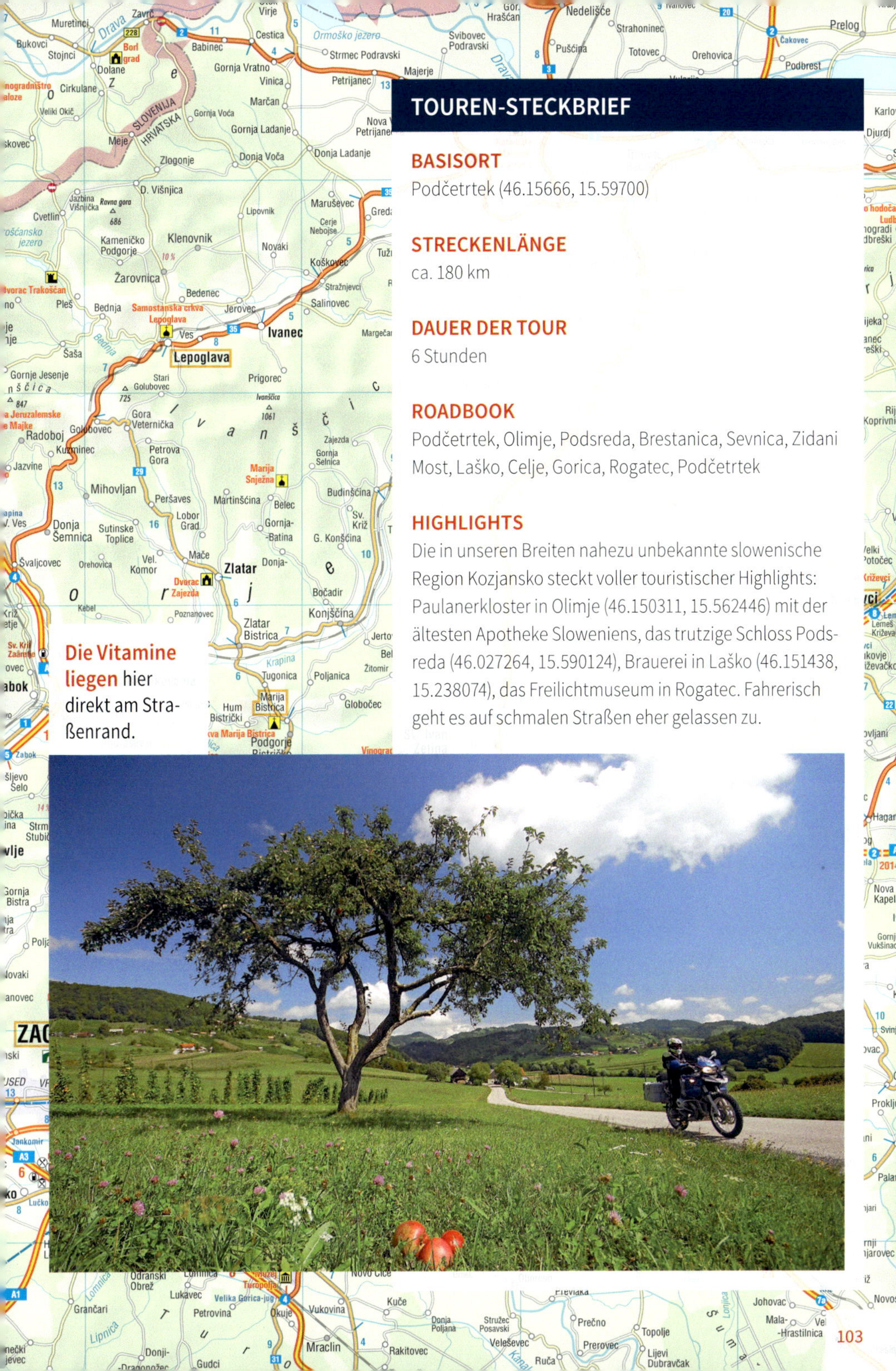

TOUREN-STECKBRIEF

BASISORT
Podčetrtek (46.15666, 15.59700)

STRECKENLÄNGE
ca. 180 km

DAUER DER TOUR
6 Stunden

ROADBOOK
Podčetrtek, Olimje, Podsreda, Brestanica, Sevnica, Zidani Most, Laško, Celje, Gorica, Rogatec, Podčetrtek

HIGHLIGHTS
Die in unseren Breiten nahezu unbekannte slowenische Region Kozjansko steckt voller touristischer Highlights: Paulanerkloster in Olimje (46.150311, 15.562446) mit der ältesten Apotheke Sloweniens, das trutzige Schloss Podsreda (46.027264, 15.590124), Brauerei in Laško (46.151438, 15.238074), das Freilichtmuseum in Rogatec. Fahrerisch geht es auf schmalen Straßen eher gelassen zu.

Die Vitamine liegen hier direkt am Straßenrand.

Tolle Straßen in einer einsame Landschaft.

Kozjansko – noch nie gehört? Verständlich und doch erstaunlich! Immerhin ist der Kozjansko eine weltbekannte Apfelsorte und auch im deutschen Supermarktregal zu finden. Er heißt so, weil er – wie könnte es anders sein – hauptsächlich aus dem größten slowenischen Regionalpark, eben dem ***Kozjansko***, stammt.

Der Park liegt etwa in Sloweniens mittlerem Osten, dort, wo die bewaldeten Berge des Voralpenlands übergehen in die Pannonische Ebene zu Füßen des rund 1000 Meter hohen Bohor. Es sind nicht viele motorisierte Zweiradfahrer, die sich hierher verirren. Wer es aber dennoch tut, wird mit einer ursprünglichen Region belohnt und fantastischen Straßen, die wie für das Motorradfahren geschaffen sind.

Podčetrtek, in Sichtweite der kroatischen Grenze, ist ein bei den Slowenen bekannter und beliebter Badeort. Die

Das Kloster Olimje (rechts) und die wohl schönste Apotheke Sloweniens (r. Seite).

Heilquellen sprudeln munter inmitten einer riesigen Badelandschaft mit angrenzendem Campingplatz. Auch Zimmer und andere Unterkünfte sind zahlreich zu finden. Kiki und ich haben hier gestern unser Zelt aufgeschlagen und anschließend alle Vorzüge eines Thermalbades genossen: Badelandschaft, Sauna, Erholung pur! Heute wollen wir den *Kozjansko* erkunden und starten unsere Runde durch die angrenzende Region.

Sehenswertes Kloster

Gleich die ersten Meter führen uns nach *Olimje*, wo das unbedingt sehenswerte Paulanerkloster in Form

eines bildschönen Renaissancebaus steht. Im Erdgeschoss des Südturms residiert eine der ältesten Apotheken Sloweniens.

Auch wenn man nicht krank ist, hier einzukaufen ist eine wahre Wonne. Diverse Heilpflanzen und Kräuter aus dem klostereigenen Kräutergarten mit 200 verschiedenen Pflanzen werden hier angeboten und das Ambiente ist unvergleichlich. Durch ländliche, ein-

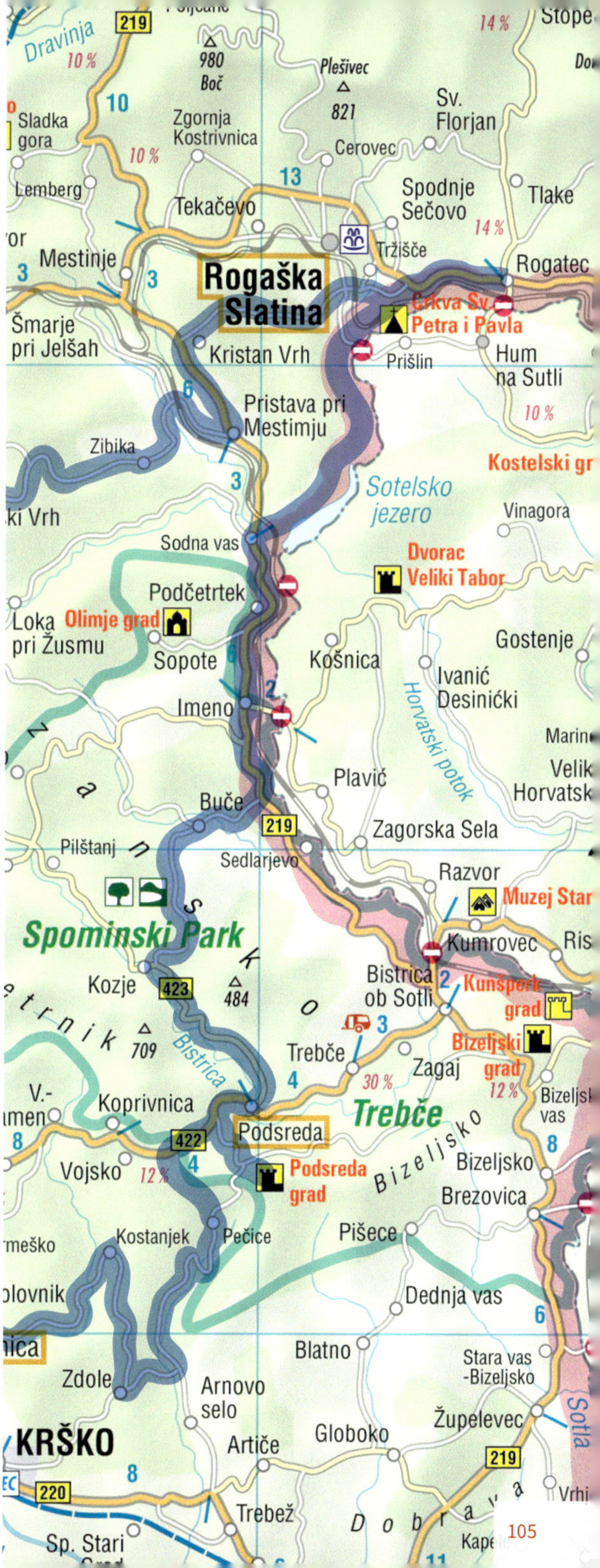

Über 800 Jahre alt ist die Burg Podsreda.

same Landschaften, entlang der Straßen, die nicht viel mehr als asphaltierte Wirtschaftswege sind, fahren wir entlang wogender Maisfelder, dunkelgrüner Wiesen, auf denen glückliche Kühe grasen, und vorbei an heimeligen Streuobstwiesen weiter.

Süß und lecker

Dort wächst er also, der Kozjansko-Apfel: süß und lecker im Geschmack. Natürlich machen wir Halt und müssen einen dieser köstlichen Äpfel probieren: Es lohnt sich. Vielleicht liegt es aber auch einfach an der wunderschönen Umgebung. Hier schmeckt wahrscheinlich jeder Apfel besser, als aus dem heimischen, sterilen Supermarkt.

Wild kurvt die Straße durch kleine Täler, um bäuerliche Weiler herum und durch dichten, dunklen Wald. Vorbei an ***Kozje*** folgen wir den Wegweisern nach ***Podsreda***. Auf dessen Felsen ragt gleichnamige Schloss in den Himmel. Viele Besitzer hatte das Gemäuer in seiner spannenden Geschichte.

Heute finden hier regelmäßig Konzerte und Ausstellungen statt. Als wir vor dem Tor ausrollen, hören wir schon die verschiedensten Klänge. Überall im und am Schloss stehen jugendliche Musiker, stimmen ihre Instrumente, proben für ein großes Konzert. Wir wollen nicht stören, lauschen noch ein bisschen und machen uns dann wieder auf, denn kurvenreiche Straßen rufen.

Kurz vor ***Brestanica*** kommt uns ein Pferdefuhrwerk entgegen. Schwer beladen mit Holz haben die beiden Pferde ihre Mühe, den schweren Wagen die leichte Steigung herauf zu ziehen.

Es ist nicht der einzige Pferdewagen, der uns an diesem Tag begegnet. Und wie es der Teufel will, lernen wir nur wenige Kilometer weiter auch gleich die Vorteile dieses natürlichen Antriebs kennen.

Schließlich brauchen Pferde kein Benzin, im Gegensatz zu unserer GS. Wie das schon mal vorkommt bei Motorrädern der weißblauen Marke, spinnt unsere Tankanzeige. Während die allerletzten Tropfen aus dem Tank rinnen, zeigt sie immer noch einen wenigstens zu einem Viertel gefüllten Tank an.

Suche nach der Spritquelle

Es kommt, wie es kommen muss: Im Nirgendwo zwischen zwei mächtigen Wiesen bleibt die GS am Straßenrand stehen. Die Ursache ist schnell klar. Während Kiki am Motorrad bleibt, mache ich mich auf die Suche nach einer Spritquelle. Schon das erste Auto hält, als ich nach wenigen Minuten den Daumen raushalte. Zwar sprechen wir keine gemeinsame Sprache, aber dem Fahrer ist schnell klar, was mein Problem ist.

Er macht extra einen Umweg, um mich an der nächsten Tanke zu entlassen. Schnell ist ein Fünf-Liter-Kanister gekauft und auch für den Rückweg finde ich sofort einen Chauffeur. Selten habe ich in einem PKW so geschwitzt. Der Fahrer spricht perfekt englisch,

Pause mitten im Grünen.

Auto fahren kann er nicht. Glaubt das aber und will mir zeigen, was seine Karre hergibt. Ich mache drei Kreuze, als er mich wenig später direkt an unserer gestrandeten BMW unversehrt aussteigen lässt. Den leeren Kanister nimmt er gerne als Dank fürs Fahren.

Kreuz und quer streifen wir frisch betankt durch die hügelige Landschaft. Bergauf, bergab, mal rechts, mal links, nur selten geht es mal ein längeres Stückchen geradeaus, mehr als dritter Gang ist hier Fehlanzeige.

Da läuft die GS noch mit vollem Tank.

Die Kurvenorgie macht mächtig Spaß. Vorsicht empfiehlt sich nur am Straßenrand, viel Sand und Kies, vor allem in den Kurven, lauert auf unachtsame Moppedfahrer. Und die Straßenreinigung funktioniert hier, am scheinbaren Ende der Welt, nur sehr sporadisch.

Regionale Produkte

Kurz vor *Sevnica* stoßen wir auf die Sava und folgen dem Fluss in den Ort hinein. In einem urigen Tante Emma-Laden decken wir uns mit frischem Brot und Käse ein. In dem Laden gehen hauptsächlich regionale Produkte der örtlichen Landwirtschaft über den Tisch. Wir holen uns noch ein bisschen Obst dazu und fertig sind die Zutaten für ein erholsames Picknick. Ein paar Kilometer später, immer entlang des Ufers der Sava, haben wir dafür dann auch schnell einen einladenden Platz gefunden.

Die hinter uns in der Luft kreuzenden Gleitschirmflieger haben uns neugierig gemacht. Ein Blick in die Karte lässt uns vermuten, dass die Segler wohl vom Berg *Lisca* starten. Zwei Skilifte sind in der Karte eingezeichnet. Und eine Straße, die sich den Berg hochwindet. Also los, mit dem Motorrad folgen wir der Bergstrecke und erreichen bald das Plateau. Von hier oben lassen sich die Sportler in den Himmel tragen. Gleich nebenan gibt es dann auch einen Kaffee zur Stärkung. Genau das Richtige für uns.

Mit dem Koffein im Blut lassen wir uns die Flanke des *Lisca* wieder hinunter rollen und treffen bald darauf wieder auf die Sava, deren Ufer wir in westlicher Richtung folgen, bevor uns die Landstraße 5 wieder gen Norden führt. In *Zidani Most* folgen wir den Schildern nach *Laško*.

Große Brauerei

Der Kurort lockt nicht nur mit einer ansprechenden Therme, in der schon römische Legionäre planschten, sowie mit einer netten Altstadt und einer Burg, sondern auch mit Sloweniens beliebtester Biersorte, die in *Laškos* großer Brauerei gebraut wird. Wir haben Glück: Als wir bei der Brauerei vorbeischauen, wartet schon eine Besuchergruppe auf eine Führung.

Wir dürfen uns anschließen und bei der folgenden Besichtigungstour lassen wir uns in die Künste des Brauens einweisen. Aber alles wird nicht verra-

Laško ist laut Braumeister das weltbeste Bier.

Bunte Kunst am Turm.

ten. Der Braumeister erzählt, dass es durchaus streng geheime Zutaten und Produktionsverfahren gibt, die gerade das Laško besser als alle anderen Biere auf der Welt machen. So ist das richtig, man muss an sein Produkt glauben. Auf das angebotene Probebier müssen wir – im Gegensatz zu unseren Mitbesuchern – leider auch verzichten. Extra für uns besorgt der fürsorgliche Braumeister anschließend noch zwei Dosen zum Mitnehmen. Das nenne ich mal Top-Service!

Burgruine von Celje

Auf der schnellen, gut ausgebauten Landstraße 5 geht es weiter gen Norden, in Richtung *Celje*, dem Zentrum der Region. Wir freuen uns schon auf die Burgruine *Stari Grad*, die hoch über der Stadt thront und als die bekannteste und größte Burgruine Sloweniens gilt.

Durch ein paar verwinkelte Gassen kurven wir hoch zum Hügel, haben heute aber Pech. Wegen Bauarbeiten ist die Anlage gerade geschlossen. Das soll aber nicht lange dauern, erzählen

TIPP DES AUTORS

Wer mal die Motorradstiefel gegen Wanderschuhe eintauschen möchte, ist in dieser Region bestens aufgehoben. Es gibt eine sehr interessante markierte Wanderung von **ŠENTJUR** auf den **BERG RESEVNA** mit einer Berghütte und einem Aussichtsturm (zwischen Celje und Šmarje).

uns die Arbeiter und bald fänden zwischen den alten Mauern wieder die mittelalterlichen Tage statt.

Dann gäbe es Ritterkämpfe, einen alten Markt und jede Menge Spektakel. Wir kurven also wieder hinunter nach *Celje* und wandern ein wenig durch die Gassen und Plätze der Stadt. Hier reihen sich die Sehenswürdigkeiten aneinander und es lässt sich prima durch die Läden bummeln. Quer durch die Berge des *Kozjansko* hal-

Die Burg von Celje wacht über die drittgrößte Stadt des Landes.

Interessante Eindrücke im Freilichtmuseum von Rogatec.

ten wir später erneut auf die kroatische Grenze zu. Vorbei an dem zweiten großen Thermalbad der Region, ***Rogaška Slatina***, erreichen wir bald ein Freilichtmuseum im Grenzort ***Rogatec***. Wir sind ziemlich knapp dran und haben kurz vor Feierabend noch Glück, die freundliche junge Frau am Empfang lässt uns noch für eine Runde hinein. Urige Scheunen mit kunstvoll zum Trocknen aufgehängten Maiskolben und strohgedeckten Dächern, alte Ziehbrunnen, Weinreben an antiken Holzgestellen, Bauernhäuser, die aussehen, als seien sie noch bewohnt, eine alte Schmiede samt Werkzeug, Gerät und monströsem Blasebalg und vieles mehr vermitteln einen tiefen Eindruck der Region, wie sie früher war und wie die Menschen einst hier lebten.

Die Krönung ist der alte Laden mit einer perfekten Innenausstattung, jeder Menge Waren und alten Gerätschaften. Irgendwann möchte die gute Dame dann aber doch Feierabend machen und so verlassen wir gemeinsam das hochinteressante Gelände.

Mondäner Kurort

Ein kurzer Abstecher in die Therme ***Rogaška Slatina*** muss dann aber doch noch sein. Der mondäne Kurort lockt mit herrschaftlichen Gebäuden, einem Kurpark und noblem Ambiente. Spannend ist auch die riesige Glasfabrik mit 350jähriger Tradition. Hier gibt es auch ein Besucherzentrum und einen eigenen Verkauf.

Langsam dämmert es schon, wir schwingen uns aufs Motorrad und nehmen die letzten Kilometer entlang der kroatischen Grenze in Angriff. Einige wenige Kilometer, dann taucht das Ortsschild von ***Podčetrtek*** auf und läutet das Ende unserer heutigen Rundtour ein. ◀

INFOS ZUR TOUR

CHARAKTERISTIK

Ruhiges, entspanntes Cruisen oder sportliche Fahrweise mit dem Knie auf dem Boden - die Qual der Wahl hat, wer in dieser Region Sloweniens unterwegs ist. Aber egal wie man fährt, es sollte immer der Blick für die Landschaft da sein. Es gibt reichlich zu entdecken rechts und links der einsamen Straßen, an deren Rändern zahlreiche Natur- und Kultur-Denkmäler liegen.

ÜBERNACHTUNG

Hotel Celeia
Mariborska cesta 3, SI-3000 Celje
Modernes Pop Art-Hotel mit gutem Restaurant.
www.hotel-celeia.si/de
GPS 46.232917, 15.267250

Aparthotel Carpe Diem Laško
Kidričeva Ulica 39, SI-3270 Laško
Familiäre, zentrale Pension mit sechs Zimmern.
www.bedandbreakfast.eu
GPS 46.155611, 15.241972E

Terme Olimia
Zdraviliška cesta 24, SI-3254 Podčetrtek
Gleich mehrere Hotels und ein netter Campingplatz locken in die Terme Olimia
www.terme-olimia.com
GPS 46.158333, 15.608056

KOMBINATIONSMÖGLICHKEITEN

Für ein paar zusätzliche Kurven-Kilometer bietet sich der Berg Lisca im Süden der hier beschriebenen Tour an. In der kalten Jahreszeit tummeln sich oben die Wintersportler, im Sommer starten dafür Drachen- und Gleitschirmflieger. Warum nicht einfach mal anhalten und zuschauen? Vom südöstlich auf der Tour gelegenen Ort Podsreda sind es gerade einmal noch 60 Kilometer in die kroatische Hauptstadt Zagreb, von Celje auf der anderen Seite der Route nach Sloweniens Hauptstadt Ljubljana ebenfalls. Beide Kapitale sind lohnenswerte Abstecher. Hinter der kroatischen Grenze liegt auch noch Kumrovec, Titos Geburtsort.

Istriens Küste

Nur ein kleines Gebiet der Halbinsel Istrien gehört zu Slowenien. Den weitaus größten Teil beansprucht Kroatien für sich. Aber wer mit dem Motorrad durch Slowenien tourt, für den ist Istrien ein Muss. Die Tour entlang der Küste Istriens ist reich an Kontrasten zwischen trubeligem Tourismus in Poreč und einsamen Buchten im Süden. Dazwischen warten abwechslungsreiche Routen und spannende Ziele.

Ein Paradies für Freizeitkapitäne sind die Buchten der Kamenjak.

TOUR 7 ISTRIENS KÜSTE

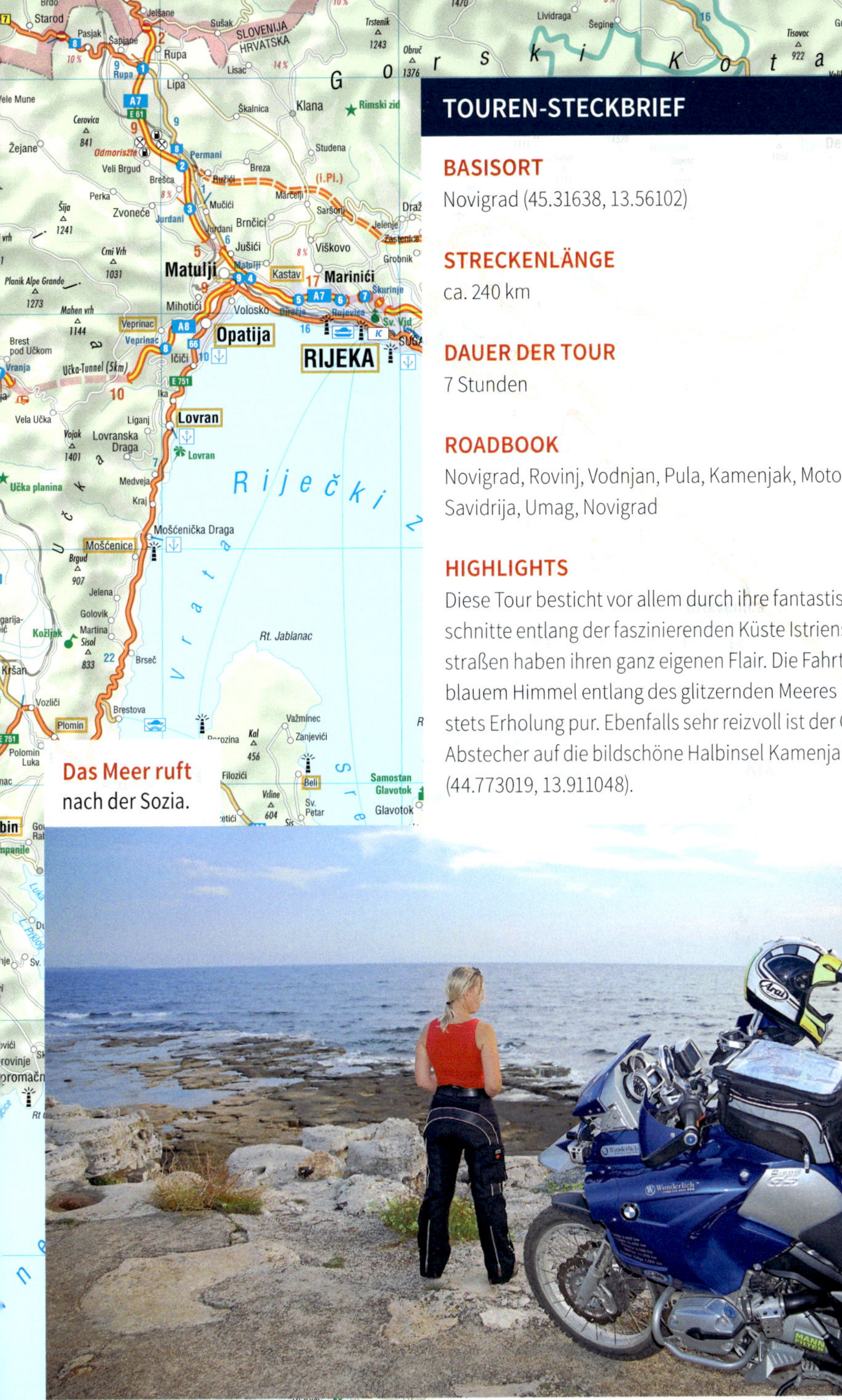

TOUREN-STECKBRIEF

BASISORT

Novigrad (45.31638, 13.56102)

STRECKENLÄNGE

ca. 240 km

DAUER DER TOUR

7 Stunden

ROADBOOK

Novigrad, Rovinj, Vodnjan, Pula, Kamenjak, Motovun, Buje, Savidrija, Umag, Novigrad

HIGHLIGHTS

Diese Tour besticht vor allem durch ihre fantastischen Abschnitte entlang der faszinierenden Küste Istriens. Küstenstraßen haben ihren ganz eigenen Flair. Die Fahrt unter blauem Himmel entlang des glitzernden Meeres ist für uns stets Erholung pur. Ebenfalls sehr reizvoll ist der Offroad-Abstecher auf die bildschöne Halbinsel Kamenjak (44.773019, 13.911048).

Das Meer ruft nach der Sozia.

Leise rauschend, schwappen die Wellen an den Strand. Weit draußen dümpelt ein Fischerboot über die kleinen Wellenkämme. Vom stahlblauen Himmel strahlt die Sonne. Es riecht nach Gras, Sand und Salzwasser. Einfach traumhaft!

In ***Novigrad*** sitzen wir auf den Felsen direkt am Wasser, lassen die Füße ins kühle Nass baumeln und uns die Sonne ins Gesicht scheinen. Bewusst haben wir uns das kleine, aber feine Küstenstädtchen als Basislager für unsere Istrientour ausgesucht. Hier ist noch nicht ganz so viel los, wie in den Nachbarstädten Poreč oder Rovinj, obwohl Novigrad seinen Nachbarn an Attraktivität kaum nachsteht.

Eine bezaubernde Altstadt, eine interessante Küste, entspannte Menschen, einladende Bars und Restaurants. Hier wollen wir unsere Tour entlang des istrischen Meeressaumes starten. Noch ein bisschen Müßiggang, noch mal die Beine ausstrecken, dann klettern Kiki und ich auf die GS und folgen der Küstenstraße gen Süden.

In der Hand der Touristen

Ein großer Schlenker führt uns um die Bucht ***Luka Marina***. Immer wieder fällt der Blick auf das glitzernde Wasser, auf Sand- und Felsstrände. Schon bald kommt ***Poreč*** in Sicht. Poreč, das ist das Gegenteil zu Novigrad. Poreč ist fest in der Hand der Touristen. Rund 15 000 Einwohner hat die Küstenstadt, im Sommer wächst die Bevölkerung locker auf über 70 000. Wir nehmen uns vor, die Stadt später zu erkunden. Jetzt wollen wir erst einmal Motorrad fahren und lassen Poreč rechts liegen.

Baden oder nicht – das ist hier die Frage.

Weiter geht es entlang der Küste. Wir folgen den Hinweisschildern nach *Vrsar*. Das heißt, wir wollen ihnen folgen. Erst mal folge ich aber dem Handzeichen eines Polizisten, der unvermittelt auf der Straße auftaucht und steige in die Bremse. Noch während ich ausrolle sehe ich, wie er geschäftig in sein Funkgerät spricht. Fast stehen wir, da gibt er uns schon wieder ein freundliches Zeichen weiterzufahren.

Mein Blick in den Rückspiegel bestätigt es. Hinter mir fährt ein zweiter Moppedfahrer heran. Auch ihn trifft der Arm des Gesetzes, aber scheinbar etwas intensiver, er muss tatsächlich rechts ran. Für uns ein guter Hinweis, regelmäßig den Blick auf den Tacho zu richten. Kleine Übertretungen gibt es in Kroatien zum Schnäppchenpreis, sind es über 50 Kilometer pro Stunde zu viel, sind aber auch gerne mal rund 700 Euro fällig.

Großer Bootshafen

Bald erreichen wir *Vrsar* und kurven direkt ins Zentrum. Zwar ist auch in Vrsar immer etwas los und der Küstenort ist ein beliebtes Ausflugsziel, aber es ist nicht mit *Poreč* zu vergleichen. In einem der zahlreichen Cafés direkt an der Mole des großen Bootshafens gönnen wir uns einen starken, schwarzen Kaffee als zweites Frühstück, schauen

Pause am Hafen von Poreč.

dem Treiben am Hafen zu, bevor wir mit der GS ein bisschen durch die schmalen Gassen des sympathischen Dorfes rollen: motorisiertes Sightseeing.

Spannender Meeresarm

Im Süden geht es wieder hinaus aus dem Ort und in einem großen Bogen führt uns die Strecke in das Hinterland entlang des *Limski Kanals*. Der Limski Kanal ist eigentlich eine Bucht, aber die Kroaten nennen ihn auch Limfjord oder Limskifjord. Streng genommen nicht richtig, schließlich wurde er nicht von einem Gletscher, sondern durch einen Fluss in die Landschaft geformt. Aufgrund seiner Form darf man ihn aber auch guten Gewissens einen Fjord nennen.

Optisch ähnelt der Limski Kanal einem Fjord.

Fast zwölf Kilometer reicht der Meeresarm in die einsame Karstlandschaft hinein. Aus dem Inland strömt das Süßwasser der Pazinčica in die Bucht. Ideale Voraussetzungen für Austern, die hier prächtig gedeihen. Und weil Delphine auch gelegentlich auf Süßwasser stehen, lassen sich hier regelmäßig welche blicken.

Am Ende des Fjords nehmen wir die schmale Seitenstraße hinunter ans Wasser. Unten an ihrem Ende ist eine Anlegestelle für Schiffe, mit denen sich die Bucht aus der Seeperspektive erkunden lässt. Wir kaufen ein wenig würzigen Käse und eine leckere Konfitüre bei einem der Marktstände am Ufer. Hier werden zu moderaten Preisen regelmäßig einige lokale Erzeugnisse offeriert. Gleich nebenan bekommen wir auch das passende, frische Brot dazu. Das vergünstigte Ticket vom Brotverkäufer für die Bootsfahrt müssen wir allerdings ablehnen: heute ist Motorrad-Tag.

Am Limski Fjord gibt es allerlei regionale Köstlichkeiten.

Ein Stück Magistrale

Es geht wieder hinauf, raus aus dem Fjord, der keiner ist. Schnell finden wir uns auf der *Jadranska Magistrala* wieder. Diese in den 1960er Jahren erbaute, über 1000 Kilometer lange Küstenstraße verläuft durch Slowenien, Kroatien, Bosnien & Herzegowina bis tief hinein nach Montenegro. Hier in in Istrien verläuft sie aber größtenteils gar nicht direkt an der Küste. So oder so gilt sie nicht umsonst als eine der schönsten Küstenstraßen weltweit. Früher hatte sie allerdings einen ziemlich schlechten Ruf, was die Sicherheit angeht.

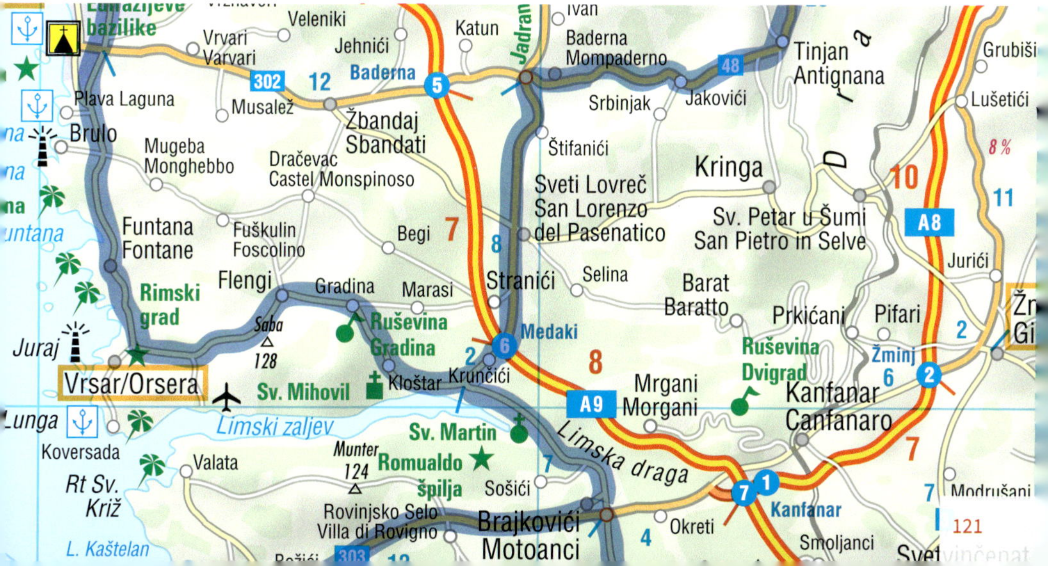

Maroder Belag, waghalsige LKW-Fahrer und eine kernige Streckenführung waren die Ursache vieler, oft spektakulärer Unfälle. Heute nimmt

die Autobahn im Hinterland den kompletten Durchgangsverkehr auf und es geht auf der ***Jadranska Magistrala*** wesentlich entspannter zu. Schon lange haben Kiki und ich uns vorgenommen, mal eine komplette Tour über die ganze Strecke zu fahren.

EXTRA-TIPP

Das **KAP GUSTINJA** südlich von Rovinj ist mit seinen Steineichen ein einzigartiges Waldreservat. Es führt eine Stichstraße hinein, die zudem an fantastischen Badeplätzen vorbei führt. Wer keine Badehose dabei hat, ist selber schuld.

So schön mancher Streckenabschnitt dieser Adriatischen Küstenstraße aber auch ist, es ist auch heute noch Aufmerksamkeit geboten. Der Belag ist bei Regen und Nässe ziemlich rutschig. Schon wenig Tempo reicht dann für einen Sturz. Optisch spektakulär, aber weitaus weniger gefährlich sind die Etappen, auf denen die Straßen-Oberfläche angefräst ist. Zwar entwickelt so mancher Reifen darauf ein wenig Starrsinn, ein Problem ist das aber nicht wirklich. Ein wenig das Tempo drosseln und gut ist. Während wir gerade das Tempo drosseln, steigen auf einmal schmackhafte Düfte in unsere Helme. Kein Wunder, gleich neben der Straße dreht sich auf einem ziemlich gigantischen Holzkohlegrill ein ziemlich gigantisches Spanferkel.

Ich denke an eine Fata Morgana. Sollte da etwa der Wunsch der Vater des Gedankens sein? Nein, nur wenige hundert Meter weiter dreht sich die nächste Wutz am Spieß. „Definitiv keine Straße für Veggies!“ ruft die Sozia von hinten. „Stimmt!“ rufe ich zurück und wende. Leider bekomme ich bei einer genaueren Inspektion vom Chef des Restaurants zu hören, dass die knusprige Leckerei noch nicht ganz durch ist. Ist ja auch noch etwas früh fürs Mittagessen.

Bei ***Brajkovići*** verlassen wir die Magistrala wieder, ***Rovinj*** ruft. Das Zentrum der hübschen, trubeligen Hafenstadt darf von Besuchern nicht befahren werden. Wir überlegen: Was tun? Eigentlich wollten wir die Stadt sehen, aber jetzt mit Motorradkleidung hindurch laufen? Wir sind ja noch ein paar Tage hier. Also machen wir wieder kehrt, Rovinj muss warten. Wir düsen weiter gen Süden, stoßen bei ***Bale*** erneut auf die ***Jadranska Magistrale***, die uns erst mal nach ***Vodnjan*** führt.

Gruselige Reliquien

Der ganz offiziell zweisprachige Ort – es gibt eine ziemlich große Zahl italienischer Einwohner – lockt mit einer ziemlich kuriosen Sammlung. Nicht weniger als 370 Leichenteile, vornehm auch als Reliquien bezeichnet, lagern in der ***St. Blasius-Pfarrkirche***. Angeblich stammen sie von 250 christlichen Heiligen aus 15 Jahrhunderten. Ein bisschen komisch und gruselig finden wir diesen Kult darum ja schon, trotzdem lassen wir es uns nicht entgehen, Leon Bembo, Giovanni Olini und Nikolosa Bursa persönlich zu besuchen.

Die drei Heiligen liegen aufgebahrt in gläsernen Sarkophagen und sehen überraschenderweise gar nicht so schlecht aus. Weshalb die Mumien bis heute nicht gänzlich zerfallen sind, ist noch ungeklärt. Einbalsamiert wurden sie angeblich nicht, und hermetisch verschlossen sind die Glassärge auch nicht. Vielleicht doch göttliche Fügung? Wie auch immer, wir verzichten auf die Besichtigung der restlichen

Ins Zentrum von Rovinj geht es nur zu Fuß.

367 Reliquien und machen uns wieder auf die Reifen.

Wieder führt uns die legendäre *Jadranska Magistrale*, hier als D21 ausgeschildert, in den Süden. Quer durch *Pula*, die größte Stadt Istriens, nehmen wir Kurs auf den südlichsten Zipfel der Halbinsel: eine weitere Halbinsel mit Namen *Kamenjak*. Ein paar Schlenker, ein paar Nebenstraßen, dann haben wir sie erreicht. Welch eine urige Region. Der Asphalt wechselt zu Schotter. Ab hier geht es nur noch offroad weiter.

Das ist im Prinzip kein Problem. Mit unserer GS fühlen wir uns hier perfekt aufgehoben. Zwar lassen sich die Wege mit fast jedem Motorrad befahren, aber es sollte doch schon etwas Erfahrung auf losem Untergrund vorhanden sein. Es gibt Steine, mit Sand gefüllte Löcher und die eine oder andere Stufe. Tückisch sind jedoch eher die aus dem Boden ragenden festen Felsbrocken. Nicht unbedingt für das Motorrad, aber wie an den Schrammen erkennbar ist, schrubbte schon so manche Ölwanne darüber. Die anschließende Spur schwarzer Tropfen zeigt die Folgen für leichtsinnige Autofahrer.

Weiße Felsen im Wasser

Uns dagegen macht es enorm Spaß. Ich kurve einen zackigen Slalom um die Steine, drehe in den sandigen Passagen ordentlich am Gas und wir fliegen mit mächtig Staub über den Schotter. Überall liegen rechts und links kleine versteckte Buchten mit fantastischen Panoramen, die Küste ist mit Sandstränden gespickt. Dazwischen ragen weiße Felsen ins Wasser, jede Menge Boote dümpeln im tiefblauen Meer. Die perfekte Ecke fürs Picknick mit anschließendem Badevergnügen - oder umgekehrt.

Irgendwann müssen wir uns dann aber doch wieder aufrappeln. Mit der Halbinsel ***Kamenjak*** im Rückspiegel geht es wieder zurück in Richtung ***Pula***. Dort angekommen gönnen wir uns den Nachtisch zum Picknick: Direkt am Kai des Hafens, zu Füßen des mächtigen römischen Amphitheaters, dem Wahrzeichen der Stadt, gibt es ein erfrischendes Eis.

Über die Jadranska Magistrala halten wir uns nach Norden, durchqueren nochmals ***Vodnjan*** und biegen dort ans Meer ab. Die Strecke führt hier direkt amUfer entlang und offenbart herrliche Ausblicke. Gleich gegenüber der Küste liegt die ***Inselgruppe***

Die Region punktet mit Adria (oben) und tollem Hinterland (unten).

Motovun thront spektakulär auf einem Hügel (oben). In den Gassen gibt es viele einheimische Köstlichkeiten (rechts).

Brijuni. Die 14 Inseln stehen unter strengem Naturschutz, es gibt aber eine Fährverbindung zur Hauptinsel, die ein beliebtes Ziel für Ausflügler darstellt.

Istriens größte Burg

Zurück im Hinterland nehmen wir erneut den *Limski Kanal* ins Visier. Dort angekommen heißt es, scharf rechts abbiegen. Dem Lauf der Jadranska Magistrala folgend, ist das idyllisch liegende *Motovun* unser nächstes Ziel. Wer möchte, kann hier auch einen Abstecher in das bedeutende Städtchen Pazin machen. Hier befindet sich nicht nur das Regionalparlament von Istrien, sondern auch die *Burg Pazin*, die größte und besterhaltene Burganlage Istriens. Sie beinhaltet heute unter anderem ein recht interessantes Museum.

Schon von Weitem sieht man den Ort *Motovun* auf der Spitze eines Hügels in den Himmel ragen. Umgeben

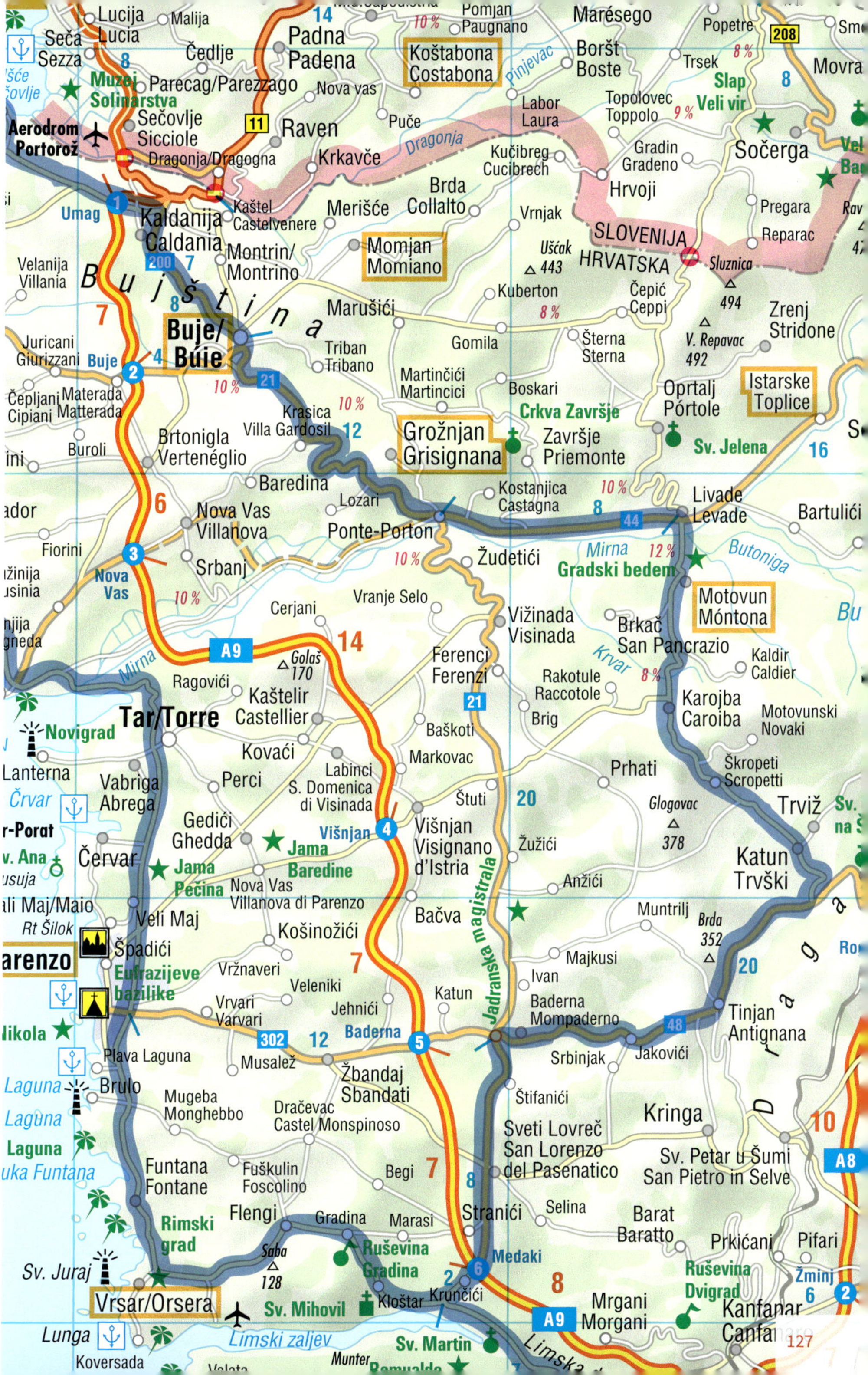

Lucija
Lucia
Malija
14
Pomjan
Paugnano
Marésego
Popetre
208
Seča
Sezza
Padna
Padena
10 %
Koštabona
Costabona
Boršt
Boste
Trsek
8 %
Movra
8
Čedlje
Pinjevac
8
Muzej Solinarstva
Parecag/Parezzago
Nova vas
Slap
Labor
Laura
Topolovec
Toppolo
9 %
Veli vir
Aerodrom Portorož
Sečovlje
Sicciole
11
Raven
Puče
Dragonja/Dragogna
Krkavče
Dragonja
Kučibreg
Cucibrech
Gradin
Gradeno
Sočerga
Hrvoji
Brda
Collalto
Pregara
Kaštel
Castelvenere
Merišće
Vrnjak
1
Umag
Kaldanija
Caldania
SLOVENIJA
Reparac
Momjan
Momiano
Uščak
443
HRVATSKA
Sluznica
200
7
Montrin/
Montrino
Velanija
Villania
Bujština
Kuberton
8 %
Čepić
Ceppi
494
8
Marušići
Zrenj
Stridone
7
V. Repavac
492
Juricani
Giurizzani
Buje
Buje/
Búie
Triban
Tribano
Gomila
Šterna
Sterna
2
4
21
Martinčići
Martincici
Čepljani
Cipiani
Materada
Matterada
10 %
10 %
Boskari
Oprtalj
Pórtole
Istarske
Toplice
Krasica
Villa Gardosil
12
Grožnjan
Grisignana
Crkva Završje
Završje
Priemonte
Sv. Jelena
16
Brtonigla
Vertenéglio
Buroli
Baredina
Kostanjica
Castagna
10 %
8
Livade
Levade
6
Nova Vas
Villanova
Lozari
Ponte-Porton
44
Bartulići
Fiorini
3
Srbanj
10 %
Žudetići
Mirna
12 %
Butoniga
Nova Vas
Gradski bedem
Motovun
Móntona
10 %
Cerjani
Vranje Selo
Vižinada
Visinada
Brkač
San Pancrazio
14
Ferenci
Ferenzi
A9
Golaš
170
Krvar
8 %
Kaldir
Caldier
Mirna
Ragovići
Kaštelir
Castellier
21
Rakotule
Raccotole
Karojba
Caroiba
Motovunski
Novaki
Tar/Torre
Brig
Novigrad
Baškoti
Kovaći
Markovac
Lanterna
Labinci
S. Domenica di Visinada
Prhati
Škropeti
Scropetti
Vabriga
Abrega
Perci
Štuti
20
Črvar
Glogovac
378
Tviž
Gedići
Ghedda
Višnjan
4
Višnjan
Visignano d'Istria
Jama Baredine
Žužići
Katun
Trvški
Červar
Jama Pećina
Nova Vas
Villanova di Parenzo
Anžići
Veli Maj
Bačva
Muntrilj
Brda
352
Rt Šilok
Košinožići
Jadranska magistrala
Špadići
Majkusi
Vržnaveri
7
Ivan
20
Eufrazijeve bazilike
Veleniki
Katun
Baderna
Mompaderno
Vrvari
Varvari
Jehnići
Tinjan
Antignana
48
Baderna
302
12
5
Jakovići
Plava Laguna
Musalež
Žbandaj
Sbandati
Srbinjak
Laguna
Brulo
Štifanići
Laguna
Mugeba
Monghebbo
Dračevac
Castel Monspinoso
Kringa
Laguna
Sveti Lovreč
San Lorenzo
del Pasenatico
10
Funtana
Fontane
Fuškulin
Foscolino
Begi
7
Sv. Petar u Šumi
San Pietro in Selve
A8
8
Flengi
Gradina
Marasi
Stranići
Selina
Barat
Baratto
Rimski grad
Saba
128
Ruševina Gradina
6
Medaki
Prkićani
Pifari
Sv. Juraj
2
Kloštar
Krunčići
8
Ruševina Dvigrad
Žminj
6
2
Vrsar/Orsera
Sv. Mihovil
A9
Mrgani
Morgani
Kanfanar
Canfanaro
Lunga
Limski zaljev
Sv. Martin
Limska
Koversada
Munter
Romualdo

von mächtigen Festungsmauern bietet die Altstadt einen herrlichen Blick in die Region. Wir bummeln durch die Gassen. Besonders beeindruckend ist der große Hauptplatz *Trg Andrea Antico*, mit seinen umliegenden Gemäuern aus dem 14. bis 17. Jahrhundert und dem Wachturm. Hier fühlen wir uns wie mitten ins Mittelalter zurückversetzt. Das Flüsschen Mirna führt uns westlich von *Motovun* wieder auf die Jadranska Magistrala. Hier verliert sie ein wenig ihren Charakter als Küstenstraße, windet sich über das hügelige Hinterland Istriens und führt uns um *Buje* herum, das auf einem Hügel über der Landschaft thront. Nach ein paar Kilometern würde uns die Straße hinüber nach Slowenien führen. Kurz vor der Grenze biegen wir aber ab und fahren hinaus auf die Landspitze von *Savudrija*.

Direkt an dem kleinen Badeort ragt Kroatiens größter Leuchtturm in den Himmel. Ein großer Bogen führt uns weiter nach *Umag*. Zum guten Schluss gönnen wir uns nochmals richtig tolle 15 Kilometer Küstenstraße, die uns entlang einladender Küstenabschnitte und schöner Badebuchten zurück nach *Novigrad* bringt. ◀

Sonnenuntergang auf der fast menschenleeren Küstenstraße.

INFOS ZUR TOUR

CHARAKTERISTIK

Ist diese Tour nun schwer oder leicht: Das lässt sich so einfach nicht beantworten. Es kommt immer darauf an. Stimmt das Wetter, wie fast immer von Frühjahr bis Spätsommer, gibt es keine Schwierigkeiten. Die Strecke lässt sich entspannt fahren und nur ganz im Süden, auf der kleinen Halbinsel Kamenjak, fordert die Offroadpiste ein wenig heraus. Ganz anders sieht es aus, wenn es regnet. Dann sind Kroatiens Straßen mit äußerster Vorsicht zu genießen. Der Asphalt wird glatt, richtig glatt, und wer nicht mit viel Gefühl über den Belag rollt, kommt ins Schwitzen.

ÜBERNACHTUNG

Ferienanlage Valdaliso

Monsena 139, HR-52210 Rovinj

Ansprechende Anlage mit Campingplatz, Miethäuschen, Hotel, Restaurants.

www.maistra.com

GPS 45.104056, 13.625194

Villa Mala

Cerova 2a, HR-52440 Poreč

Gut ausgestattete, großzügige Zimmer in freundlichem Hotel mit großem Pool und Terrasse.

www.villa-mala-porec.com

GPS 45.257056, 13.625194

KOMBINATIONSMÖGLICHKEITEN

Wer noch ein bisschen auf Entdeckungsreise gehen möchte, hat in dieser Region vielfältige Möglichkeiten. Östlich von Motovun rund um den Stausee Jezero Butoniga bis Draguć gibt es noch einige fantastische aussichtsreiche Nebenstrecken, auf denen man garantiert ganz allein unterwegs ist. Im Süden der Route dagegen lohnt sich ein Abstecher hinüber zum schönen Badeort Medulin, zahlreiche Stichstraßen führen direkt ans Wasser.

In der Unterkrain

Die Unterkrain – ganz im Südosten Sloweniens – gehört zu den entlegensten Gebieten des Landes. Hier finden sich unendliche Wälder, einsame Offroad-Pisten und die herrlichen Ufer der Krka. Fernab jeglichen Trubels lassen sich beim Motorradfahren Landschaft und Ruhe genießen. Die Unterkrain-Tour ist die perfekte Runde für Reisende, die das ursprüngliche Slowenien erleben wollen. Und ja, in den Wäldern der Unterkrain gibt es noch jede Menge Braunbären – treffen wird man sie aber eher nicht.

Offroad-Spaß im Land der Bären.

Litija
Radeče
Sevnica
Trebnje
Novo Mesto
Metlika
Črnomelj
Kočevje
Ribnica
Ivančna Gorica
Žužemberk
Kočevski Rog
Kočevska Mala gora
Velika gora
Goteniška gora
Goteniška dolina
Dobropolje
Bela krajina
Poljanska gora
Kotar
Sava
Krka
Mirna

TOUREN-STECKBRIEF

BASISORT

Otočec (45.83396, 15.22090)

STRECKENLÄNGE

ca. 210 km

DAUER DER TOUR

7 Stunden

ROADBOOK

Otočec, Novo Mesto, Žužemberg, Luče, Kočevje, Baza 20, Metlika, Novo Mesto, Otočec

HIGHLIGHTS

Das Highlight dieser Tour ist die idyllische und landschaftlich sehr schöne Strecke zwischen Dolenjske Toplice und Muljava entlang des glasklaren Flüsschens Krka (45.830127, 14.933520). Nördlich von Ribnica (45.740727, 14.729048) geht es über unbefestigte Naturstraßen durch das Bären-Land. Aber keine Sorge, die verstecken sich lieber tief in den Wäldern.

Die Unterkrain ist einsames Land, oft ist man allein.

Novo Mesto liegt in der Schleife des Flusses Krka.

Wer etwas nördlich von *Novo Mesto* an der wunderschönen Krka unterkommen möchte, dem bieten sich unter anderem zwei sehr unterschiedliche Alternativen: Das noble Schlosshotel Otočec, auf einer kleinen Insel mitten im Fluss Krka gelegen, oder nur wenige Meter daneben der einfache, aber sehr schön am Flussufer gelegene Campingplatz. Wir haben uns für den Platz im Grünen entschieden. Das schont nicht nur den Geldbeutel, sondern sorgt für viel Entspannung inmitten herrlichster Natur.

Als wir auf dem Platz ankommen, ist die Schranke geschlossen und niemand zu sehen. Aber wofür haben wir ein einspuriges Fahrzeug? Zwischen zwei Pfählen quetschen wir uns hindurch und bauen unser Zelt gleich an der Uferböschung auf. Kein Problem, der etwas später erscheinende Platzbesitzer freut sich über neue Gäste und hat gleich jede Menge Ausflugstipps in petto. Mit dem Finger auf der Karte fährt er Linien durch die Region und schwärmt von seiner Heimat.

Gut erhaltene Altstadt

Einen seiner Einkehrtipps setzen wir gleich am Abend um und steuern das nur wenige Kilometer entfernte *Novo Mesto* an. Rudolfswerth, wie es auf

Eine Holzbrücke führt über die Krka.

Deutsch heißt, liegt inmitten einer beeindruckenden Schleife der Krka und besticht durch seine hervorragend erhaltene Altstadt mit vielen historischen Bauten.

Ich parke die GS ganz in der Nähe des einladenden Hauptplatzes. Die umgebenden Bürgerhäuser bieten urige Arkadengänge, und es gibt einige verlockende Bars sowie Restaurants. Im Schein der großen Laternen schlendern wir ein wenig durch die Gassen und studieren die Speisekarten. Wir haben die Qual der Wahl unter dem großen Angebot, entscheiden uns dann für eines der Restaurants direkt am Hauptplatz.

Wir haben Glück, der Ober ist sehr hilfsbereit, kann ein paar Brocken Deutsch und weiht uns gerne in die Geheimnisse seiner Küche ein. Ein kleiner Exkurs über die slowenischen Weine folgt, aber seine Empfehlung können wir leider nicht annehmen, schließlich sind wir nicht zu Fuß da. Sein Angebot, eine Flasche mitzunehmen, akzeptieren wir aber gerne. Abends im Kerzenlicht vor dem Zelt direkt am Ufer der plätschernden Krka lassen wir uns den guten Tropfen dann schmecken.

Auf kleinen Straßen

Am nächsten Morgen geht es früh los. Der Kaffee in der Tasse und der Tau auf dem Zelt dampfen im morgendlichen Sonnenschein um die Wette. Ein paar Nebelschwaden hängen über dem

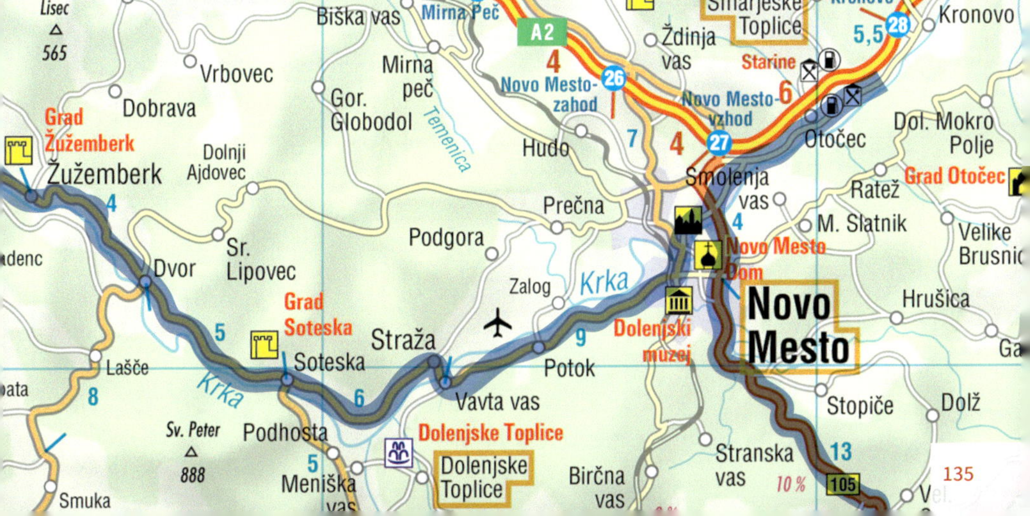

Beschaulich wirkt die Alte Mühle in Dolenjske Toplice.

Wasser der Krka. Eine Handvoll Enten beobachtet uns neugierig beim Frühstück und die mutigsten werden mit einem Stückchen Brot direkt aus der Hand belohnt. Etwas später sitzen wir schon auf der BMW, folgen auf kleinen Straßen dem Lauf der Krka gen Westen vorbei an Novo Mesto.

Altes Heilbad

Idyllische Holzbrücken und alte, noch klappernde Mühlen liegen entlang des Flusses. Das feuchte Gras glitzert in der Sonne. Nur selten kommt uns ein Auto entgegen. Bald taucht das Ortsschild von ***Dolenjske Toplice*** auf. Der Kurort und sein Thermalbad zählen zu den ältesten Heilbädern Europas. Schon seit rund 350 Jahren vertrauen die Menschen hier auf die heilende Kraft des Wassers. Wir haben allerdings keine Badeambitionen, biegen vor dem Ort rechts ab und halten uns an die Schilder nach ***Žužemberg***.

Hier treffen wir auf die ***Hausiererstraße***. Fliegende Händler, die einst über das Land zogen, gaben dieser Themenstraße ihren Namen. Sie wäre sicher auch eine eigene Motorradreise wert. In der Landeshauptstadt ***Ljubljana*** beginnend, schlängelt sich die ***Hausiererstraße*** über herrliche Nebenstraßen entlang kleiner Flüsse bis ***Novo Mesto*** und wieder zurück in die Hauptstadt. Unser Ziel ist ***Soteska*** mit seiner alten Schlossruine.

Wie ein zugewachsenes Dornröschenschloss sind die ruinösen Gemäuer von dichtem Grün des Efeus bewuchert. Gleich gegenüber steht noch ein alter Turm mit skurrilem Torbogen. Durch einsames Grün folgen wir weiter der Krka und sehen schon von weitem die Burg und die Kirche von *Žužemberg*. Ich parke die BMW mitten im Ort. Sie gilt heute als eine der idyllischsten Burgen des Landes und wird seit den 1960er Jahren unentwegt restauriert. Regelmäßig finden Führungen und Kulturveranstaltungen statt. Wir klettern in dem alten Gemäuer herum und steigen hinunter zur Krka. Die plätschert hier spektakulär über einige in allen möglichen Grüntönen leuchtende Felsstufen.

Dann folgen wir weiterhin der alten *Hausiererstraße* entlang der Krka. Die schlängelt sich entspannt durch die bergige Landschaft. Kurz vor dem Ort *Muljava* verlassen wir die Themenstraße und halten uns in einem großen Bogen südlich. Im weiteren Verlauf wird es immer einsamer.

Weißrote Tupfer

Auf den kurvenreichen Strecken durch die dichten Wälder begegnet uns fast niemand mehr. Dafür wird es immer bergiger und oft schimmern zwischen den grünen Bergrücken weite Ausblicke ins Land. Wie weißrote Farbtupfer liegen die kleinen Dörfchen zwischen den Wäldern versteckt, umgeben von einigen braungrünen Äckern und Feldern. Hier scheint irgendwann die Uhr stehen geblieben zu sein.

Schließlich endet nördlich der Gemeinde *Ribnica* sogar der Asphalt und

Die Burg Žužemberk begeistert mit sieben Türmen.

Polica
Višnja
Velika
Stiški Samostan
Stična
Stična
Šentvid pri Stični
Temenica
Terme Čatež
Podsmreka
Ivančna Gorica
Mala Loka
Mala Loka
Šentlovrenc
Grosuplje
Višnja gora
Žalna
E 70
21
Ivančna Gorica
Dob pri Šentvidu
Veliki Gaber
Velika Loka
Račje selo
Trebnje
Veliko Mlačevo
Velika Loka
13
Maloščelo
Črnevo
A2
22
Bič
Zagorica
6
23
Trebnje-zahod
Cerkev
Tabor
Luče
Vel. Vrhe
Bojanji Vrh
Hrastov Dol
Sela pri Šumberku
Dolenje
Vel. Račna
Muljava
Velika Ilova Gora
10 %
Sušica
Šumberk
Dobrnič
Čušperk
Krka
Lisec
565
Vodice
Hočevje
10 %
Podbukovje
Fužina
5
9
216
Zdenska vas
Ponikve
Zagradec
Šmihel
Grad Žužemberk
Dobrava
Žužemberk
Videm
Budganja vas
Podpeč
Zagorica
Ambrus
Brezovi dol
Dobropolje
Tisovec
Gradenc
Podgora
Visejec
Dvor
12
Kompoljska jama
Četež pri Strugah
Lašče
Dvorska vas
Vel. Poljane
Žvirče
Ratje
Lopata
8
Sv. Gregor
Sv. Peter
888
Prevole
Žlebič
Dolenji Lazi
Hinje
Smuka
Zamostec
Rapljevo
8 %
Sodražica
4
Ribnica cerkev
6
214
6
Jurjevica
Polom
Ribnica
Hrovača
Črni vrh
961
Stari log
Goriča vas
Kočevje
Velika gora
Nemška vas
4
Prigorica
7
Dolenja vas
19
723
Loški potok
Mala gora
1254
106
Rakitnica
Stari breg
Debeleni vrh
1258
1040
Mlaka pri Kočevjuh
Rinža
Goteniška gora
653
Kočevska
Jelendol
Breg pri Kočevjuh
Željne
Lazec
Podpreska
Šalka vas
Cvišlerji
8 %
Grčarice
12 %
Draga
Goteniški vrh
1143
Kočevje
Dolga vas
Onek
Fridrihštajn grad
Livold
Srednja vas pri Dragi
654
1023
Stojna
8 %
11
Stari kot
Trava
Goteniški

die Straße geht in eine Schotterstrecke über. Aber das Fahren ist wie so oft auf den unbefestigten Strecken in Slowenien kein Problem: Der Belag ist fest und zügig düsen wir durch den unendlich scheinenden Wald. „Welcome to the land of forests“ heißt es treffend auf einem Schild am Straßenrand, auf dem auch gleich zwei Bären abgebildet sind. Ein Warnhinweis? Bären?

Ja sicher, wird unser Campingplatz-Chef später erzählen. Bären, Wölfe – in den riesigen Wäldern gäbe es sie noch, aber die Wahrscheinlichkeit, dass man sie sieht geht gegen Null, vor allem, wenn man mit dem Motorrad unterwegs sei. Im Moment sind wir jedoch etwas alarmiert. Unsere Pause muss noch etwas warten. Es muss ja nicht sein, dass der Geruch unseres Schokoriegels einem der über 200 Kilogramm schweren Brockens in die Nase weht und er eventuell neidisch wird. Ich gebe Gas, halte die Waldränder im Auge. Aber wahrscheinlich hat unser röhrender Boxermotor schon alle Bären im weiten Umkreis gewarnt und abgeschreckt.

Erholung vom Bärenstress

Bald treffen wir wieder auf den Asphalt der Landstraße 214. In *Kočevje* erholen wir uns ein wenig von der Einsamkeit und dem Bärenstress. Ein leckerer Cappuccino im Café, etwas Süßes, ein bisschen die Beine ausstrecken. *Kočevje*, zu deutsch Gottschee, hat eine interessante Geschichte zu bieten. Ursprünglich wurde die Stadt durch Siedler aus Tirol und Kärnten gegründet. Etwa um das Jahr 1900 war die Region zum weitaus größten Teil deutschsprachig.

Mit der Gründung Jugoslawiens, vor allem aber bei der späteren Aufteilung des Landes zwischen Italien und Deutschland während des Zweiten Weltkriegs wurden die deutschsprachigen Einwohner umgesiedelt. Das bedeutete 1941 das Aus für die deutsche Sprachinsel. Heute leben nur noch sehr wenige deutschstämmige Menschen hier.

Herzlich willkommen im Bärenland steht auf dem Schild.

Das Partisanenlager Basis 20 ist gut versteckt.

Dann geht es wieder hinein ins Grün. *Kočevje* entlässt uns Richtung Nordosten. Über winkelige, achterbahnähnliche Waldwege folgen wir den Schildern zur „Baza 20". Längst habe ich die Orientierung auf der wild durch den Wald mäandernden Straße verloren, aber die Schilder entdecken wir immer wieder. Irgendwann, irgendwo, inmitten der dichten Wälder erreichen wir dann tatsächlich unser Ziel, das Partisanenlager *Basis 20*.

Kein Wunder, dass sich hier während des Krieges das Hauptquartier der slowenischen Partisanen über Jahre verstecken konnte. Intensiv gesucht

Guter Asphalt für schnelle Etappen.

von den Besatzern, aber nie entdeckt. 26 Baracken versteckten sich hier unter dem dichten Blätterdach. Sie sind auch heute noch alle erhalten. In einer Dauerausstellung in Baracke 16 informieren wir uns über den Alltag im Camp und das Wirken der Widerstandsbewegung. Es ist schon ein skurriler Ort, der nachdenklich macht.

Wirken des Widerstands

Viele Einrichtungsgegenstände und Gerätschaften sind noch original erhalten und schon recht beeindruckend. Wir bekommen einen Eindruck, wie entbehrungsreich, gefährlich, aber auch wichtig das Wirken der Widerstandskämpfer einst war. Heute ist es für uns kaum vorstellbar, welchen Bedingungen die Menschen hier ausgesetzt waren.

Etwas nördlich, bei *Rožek*, haben wir dann später wieder Asphalt unter den Reifen. Endlich kommt auch mal wieder ein höherer Gang in den Einsatz. Es wird noch bergiger, nur wenige Kilometer weiter passieren wir einige Skilifte, gut 1000 Meter hoch sind die Gipfel rechts von uns.

Zwar haben die Betreiber, wie auch in den deutschen Mittelgebirgen, mit zurückgehenden Schneemengen zu kämpfen, aber noch ist diese Ecke ein beliebtes Wintersportgebiet. Bei dem Ort mit dem wohlklingenden Namen

Burg Metlika mit dem Regionalmuseum der Bela Krajina.

Landwirtschaftliche Überbleibsel in Metlikas Regionalmuseum.

Kot lichtet sich der Wald dann ein wenig und wir treffen auch wieder auf die ***Hausiererstraße***, die uns nach ein paar Kilometern nach ***Metlika*** hinein rollen lässt. Wie so viele andere slowenische Städtchen, verfügt auch ***Metlika*** über ein Schloss. Das mitten in der Stadt liegende Schloss beheimatet gleich zwei Museen, das Regionalmuseum und ein Feuerwehrmuseum.

Kein Wunder, etablierte doch der Burgherr im Jahr 1869 mit 27 Freiwilligen die erste ständige freiwillige Feuerwehr Sloweniens. Gleich noch eine Premiere gab es in der Vergangenheit zwischen den Schlossmauern: Der erste jemals in Slowenien abgefüllte Eiswein wurde hier im Schloss hergestellt. Auch da ist es kein Wunder, dass das Schloss ***Metlika*** heute über einen recht bekannten und beliebten Weinkeller verfügt.

Für Heiratswillige

Wer einen der edlen Tropfen probieren möchte, ist im Schloss herzlich willkommen. Im gemütlichen Innenhof lässt es sich unter den Sonnenschirmen vorzüglich erholen. Übrigens, dank eines sehr schönen Hochzeitssaals können sich heiratswillige Paare auch im Schloss trauen lassen. >

Die Kirchen in der Unterkrain sind meist offen.

Die Unterkrain ist ein Land für Tourer und Entdecker.

Wir verlassen *Metlika* auf der Landstraße 105. In südlicher Richtung schließt sich nahtlos die kroatische Grenze an: Ein guter Tipp für einen Abstecher ins Nachbarland und die nur 30 Kilometer entfernte Vier-Flüsse-Stadt *Karlovac*. Sie ist auch Heimat der größten Bier-Brauerei von Kroatien. Dieser Ausflug lohnt sich übrigens besonders zum Ende des Monats August, denn dann finden dort die Karlstädter Biertage statt: ein bekanntes Festival mit vielen Musikgruppen und weiteren Attraktionen.

EXTRA-TIPP

Am nordwestlichen Ende dieser Rundtour lädt die hochinteressante **HÖHLE TABORSKA JAMA** unweit vom Ort Grosuplje nicht nur Naturfreunde zur Besichtigung. Südlich davon liegt die beeindruckende **BURG TURJASKI GRAD**. Die Besichtigung ist ein Muss.

Wir lassen das Nachbarland aber vorerst rechts liegen und halten uns in die andere Richtung. 30 Kilometer sind es von hier wieder zurück nach *Novo Mesto*. Und diese 30 Kilometer haben es in sich. Die 105 ist richtig gut ausgebaut und glänzt nicht nur mit hervorragendem Straßenbelag, sondern auch mit äußerst ansprechenden Kurven. Da wir durch die vielen verwinkelten Waldwege des Tages einen gewissen Nachholbedarf an Schräglagen haben, nutze ich die Etappe für hemmungslosen Fahrspaß. Das sonst kaum jemand auf dieser Strecke unterwegs ist, macht die Sache noch viel sympathischer.

Novo Mesto, uns vom Vorabend noch bestens bekannt, entlässt uns schließlich auf seiner östlichen Seite wieder nach *Otočec*, unserem Domizil am Ufer der Krka. ◄

INFOS ZUR TOUR

CHARAKTERISTIK

Die Tour durch die Unterkrain weist kaum Schwierigkeiten auf. Mit einer Ausnahme: Es gibt ein paar unbefestigte Kilometer. Aber die sollten mit jedem Motorrad problemlos befahrbar sein, ein wenig Erfahrung vorausgesetzt. Außerdem kann man hier in diesem Teil Sloweniens – zumindest theoretisch – noch Braunbären begegnen. Die Erfahrungen der Bären mit Menschen sind nicht so gut und daher meiden sie eine Begegnung; zumindest meistens.

PÄSSE

Ziemlich genau in der Mitte zwischen Novo Mesto und Metlika liegt auf einem bewaldeten Bergrücken in 616 Metern Höhe der Vahta-Pass. Zwar ist es der dichten Bäume wegen mit dem Panorama nicht so weit her, aber von den Nord- und Süd-Rampen der Landstraße 105 hat man einen schönen Blick über die bergige Landschaft.

UNTERKÜNFTE

Hotel Krka

Novi trg 1, SI-8000 Novo Mesto
Klimatisierte und komfortable Zimmer, Bewirtung im urigen Dolenjska-Weinberghaus.
www.terme-krka.si
GPS 45.804833, 15.165361

Hotel Grad Otočec

Grajska cesta 2, SI-8222 Otočec ob Krki
Das Hotel gilt als eines der schönsten des Landes, mit vorzüglichem Service.
www.grad-otocec.com
GPS 45.837917, 15.234861

KOMBINATIONSMÖGLICHKEITEN

Wer gerne offroad unterwegs ist, für den ist die Unterkrain ein Eldorado. Zwischen Krka und Klopa finden sich hunderte Kilometer weiterer Waldstrecken, die offiziell befahrbar sind.

Die Quirlige

Maribor ist Sloweniens zweitgrößte Stadt mit etwa 115 000 Einwohnern, Bischofssitz und Universitätsstadt.

GLAVNI TRG Der *Glavni trg* ist der zentral gelegene Hauptplatz mit dem *Rathaus Rotovž* und der *Pestsäule* in der Platzmitte. Rund um den Platz liegen nette Restaurants und man kann gemütlich draußen sitzen. An der südöstlichen Ecke, gleich neben der Drava-Brücke, befindet sich das Casino, in dem sich an 26 Spieltischen und 408 Automaten zocken lässt. Hier beginnt auch die beliebteste Einkaufsstraße, die Gosposka ulica, ideal zum Shoppen.

MESTNI GRAD Stadtschloss mit Regionalmuseum. Spannender Einblick in Maribors Geschichte, einmaliges Rokoko-Treppenhaus und interessante Einrichtung und Exponate.

Der Glavni trg ist der zentrale Platz und Treffpunkt Maribors.

Das Hauptgebäude der Universität Maribor, der zweitgrößten des Landes.

VINSKA KLET Der größte Weinkeller Europas. Gut 20 000 Quadratmeter Gewölbe beherbergen bis zu sieben Millionen Liter Wein. Besichtigung mit oder ohne Weinprobe und Brotzeit möglich. Oder eine Flasche für abends aus dem angrenzenden Laden mitnehmen. Am Ufer der Drau wächst der älteste Weinstock der Welt, die *Alte Weinrebe am Lent* wird auf über 400 Jahre geschätzt.

KULTURFESTIVAL LENT Im alten Flößerviertel Lent am Drava-Ufer findet jährlich im Sommer das drei Wochen dauernde Festival statt. Auf Bühnen und Flößen gibt es abwechslungsreiche Musik und jede Menge Kultur. Informationen dazu bekommt man unter www.festival-lent.si. In der historischen Heeresbäckerei findet zudem jedes Jahr im August das Punk-Festival No Border Jam statt.

LECKER ESSEN Tolle steirische Küche gibt es in den Gewölben des *Rathauses Rotovž* (Glavni trg 14). Lecker slowenisch essen kann man im *Pri treh ribnikih* (Ribniška ulica 3). Es existiert schon seit 1825 und gilt damit als ältestes Wirtshaus von Maribor. Es hat eine schöner Gartenterrasse mitten im wunderschönen Stadtpark.

Den besten Blick auf Maribor gibt es vom Turm der Domkirche.

Im Nordosten

Das Naturschutzgebiet Goričko und das Land um den Fluss Mura führen ganz zu Unrecht ein echtes Schattendasein. Dabei lässt es sich zwischen den Grenzen von Slowenien, Ungarn, Österreich und Kroatien fantastisch touren! Der Zufall bescherte uns auf dieser Reise zudem eine tolle Begegnung und intensive Einblicke. Mächtig Fahrspaß und ganz neue Erfahrungen machen diese Drei-Länder-Tour zu einem echten Highlight.

Auf den einsamen Nebenstrecken der Goričko.

TOUREN-STECKBRIEF

BASISORT
Moravske Toplice (46.68568, 16.22246)

STRECKENLÄNGE
ca. 250 km

DAUER DER TOUR
7 Stunden

ROADBOOK
Moravske Toplice, Lendava, Mursko Središče, Juršinci, Veržej, Murska Sobota, Kuzma, Szent-Gotthárd, Őriszentpeter, Moravske Toplice

HIGHLIGHTS
Unser persönliches Highlight dieser Entdeckungstour ist die Fahrt über die kleinsten und zum Teil wild geschwungene Nebenstrecken mitten durch die riesigen Weinbaugebiete der Region. Nicht zu vergessen: Das sympathische Puchmuseum in Sakušak – das ist gelebte Motorradgeschichte pur (46.498917, 15.984014).

Nicht mehr im Einsatz ist diese historische Weinpresse.

FÜRSTENFELD
GÜSSING
Kloster Güssing
Riegersburg
Therme
Loipersdorf bei Fürstenfeld
Übersbach
Heiligenkreuz im Lafnitztal
Rábafüzes
Jakabháza
Rönök
Vasszentmihály
Csákánydoroszló
Őrségi
Halogy
Daraboshegy
Rátót
Gasztony
Rába
Friedensweg Schlössberg
Mogersdorf
Weichselbaum
JENNERSDORF
Neumarkt a.d.Raab
St. Martin a.d.Raab
FEHRING
Schloss Stein
Mühldorf b.Feldbach
Bad Gleichenberg
Styrassic Park
Kapfenstein
Schloss Tabor
Neuhaus a. Klausenbach
SZENTGOTTHÁRD
Rábatótfalu
Magyarlak
Csörötnek
Rábagyarmat
Alsószölnök
Felsőszölnök
Apátistvanfalva
Orfalu
Kétvölgy
Farkasfa
Kondorfa
Őriszentpéter
Bajánsenye
Kercaszomor
Magyarszombatfa
Szentgyörgyvölgy
Velemér
Kemeneshát
Őrség
Hegyhát
ÖSTERREICH
MAGYARORSZÁG
SLOVENIJA
HRVATSKA
Goričko
Dolič
Šalovci
Hodoš
Petrovci-Šalovci
Gornji Petrovci
Adrijanci
Šulinci
Stanjevci
Križevci
Kančevci
Mačkovci
Kuštanovci
Fokovci
Prosenjakovci
Grad
Otovci
Motovilci
Radovci
Pertoča
Ledavsko jezero
Vadarci
Pečarovci
Sebeščan
Moščanci
Salamenci
Vaneča
Puconci
Moravske Toplice
Terme 3000
Bogojina cerkev
Bogojina
Tešanovci
Filovci
Strehovci
Dobrovnik
Ivanci
G. Črnci
Cankova
Korovci
Kuzma
Lemerje
Gorica
Skakovci
Puževci
Radkersburg
BAD RADKERSBURG
Gornja Radgona
Gornja Radgona Hrad
Gederovci
Rankovci
Černelavci
MURSKA SOBOTA
Martjanci
Noršinci
Rakičan
Rakičan grad
Tišina
Petanjci
Terme Radenci
Radenci
Murska Sobota
Beltinci
Gančani
Lipovci
Bratonci
Ižakovci
Dokležovje
Krog
Bakovci
Odranci
Lipa
Turnišče
Nedelica
Gomilica
Črenšovci
Žižki
V. Polana
Genterovci
Radmožanci
Mostje
Dolga Vas
Lendava
Terme Lendava
Sv. Trojica
Gorja Lakoš
Kapca
Hotiza
Gyertyanos
Dolina
Pince
Petišovci
Mura
Melinci
Gorja Bistrica
Dol. Bistrica
Razkrižje
Martin na Muri
Hlapičina
Mursko Središče
Štrigova
Železna Gora
Prekmurje
Apaško polje
Slovenske gorice
Vučja Vas
Stava
Nova vas
Veržej
Križevci
Boreci
Ljutomer
Mota
Cven
Lukavci
Noršinci
Cezanjevci
Radoslavci
Bučkovci
Stara cesta
Radomerje
Vinska cesta
Jeruzalem cerkev
Jeruzalem
Kog
Ivanjkovci
Lahonci
Miklavž pri Ormožu
Koračice
Sveti Tomaž
Gomila
Moravci
Juršinci
Savci
Sp. Kudrovci
Vičanci
Sodinci
Podgorci
Lasigovci
Polenšak
Gabrnik
ORMOŽ
Središče ob Dravi
Obrež
Šalovci
Preseka
Međimurje
ČAKOVEC
Stari Dvor Zrinskih
Nedelišće
Ptuj
Ptujski grad
Dornavski grad
Dornava
Borl grad
Vinogradništvo Haloze
Ormoško jezero
Ptujsko jezero
Drava
Sp. Hajdina
Hajdoše
Slovenja Vas
Stuki
Rogoznica
Spuhlja
Moškanjci
Gorišnica
Oslušovci
Zavrč
Cestica
Babinec
Gornja Vratno
Vinica
Marčan
Strmec Podravski
Petrijanec
Majerje
Sračinec
Svibovec Podravski
VARAŽDIN
Stari Grad
Katedrala
Nova Ves Petrijanečka
Bartolovec
Lenart
Sv. Jurij ob Ščavnici
Sp. Ivanjci
Cerkvenjak
Sv. Trije Kralji v Slov. goricah
Sp. Šenarksa
Drbetinci
Smolinci
Vitomarci
Zagorci
Trnovska vas
Pesnica
Pesniška dolina
Dravsko polje
Mestni vrh
Pacinje
Podvinci
Nova Ves
Videm pri Ptuju
Bukovci
Stojnci
Dolane
Cirkulane
Haloze
Zakl
Zg. Leskovec
151

Rebenlandschaft an der Jeruzalem-Weinstraße.

Reben, Reben, Reben: So weit das Auge reicht. Im äußersten Nordwesten Sloweniens sind wir unterwegs. Nur wenige Kilometer vom Drei-Länder-Eck Slowenien-Ungarn-Kroatien entfernt, steuere ich die GS durch die grüne, hügelige Landschaft. Überall auf den Hängen gedeihen leckere Trauben.

Die Luft ist erfüllt vom Klang des Klapotez: hölzerne Windräder, deren Klöppel ein infernalisches Geklapper weit über die Weinberge tragen, um die gefräßigen Stare von den Weintrauben fernzuhalten.

Extrem kurvig und teilweise recht schmal sind die Wege, die sich durch die liebliche Landschaft schlängeln. Ab und an kommt uns ein Trecker entgegen, dann heißt es schon aufpassen, es kann eng werden. In den kleinen Dörfern stehen malerische, uralte Traubenpressen zwischen blühenden Blumenrabatten in den Gärten. Wie um Jahrzehnte zurückversetzt kommen wir uns manchmal in diesem Idyll vor.

Heißes Wasser statt Erdöl

Gestern waren wir hier angekommen. Müde von der Anfahrt fiel uns das große Schwimmbad von *Moravske Toplice* nebst Campingplatz und anderen Unterkünften natürlich sofort ins Auge – genau der richtige Ort um die müden Motorradfahrerglieder wieder zu erholen.

Seit den 1960ern ist der Ort ein Thermalbad, geplant war etwas anderes. Eigentlich bohrte man hier in großer Tiefe nach Erdöl. Plötzlich sprudelte es auch. Allerdings schoss nicht etwa das erhoffte Öl aus der Erde, sondern konstant 72 Grad heißes Wasser. Aus der Not machten die Menschen eine Tugend und bauten das erste Thermalbecken. Daraus ist heute eine moderne Therme geworden, die nicht wenige Besucher anzieht – so wie uns.

Viel Mais wächst an der Nebenstraße.

Auf der Sonnenstraße

Heute morgen ließen wir dann unser Zelt stehen und machten uns auf die Reifen, die Region zu erkunden. ***Moravske Toplice*** liegt an der Sonnenstraße und was bietet sich da mehr an, als dieser in Richtung Süden zu folgen? Zu unserem Glück macht sie ihrem Namen heute auch alle Ehre und bei strahlender Sonne und blauem Himmel rollen wir aus der Stadt. Gleich das erste Straßen-Schild sorgt für eine Überraschung. Ist hier doch ***Dubrovnik*** ausgeschildert.

Ich denke sogleich an die bekannte südkroatische Hafenstadt und wunde-

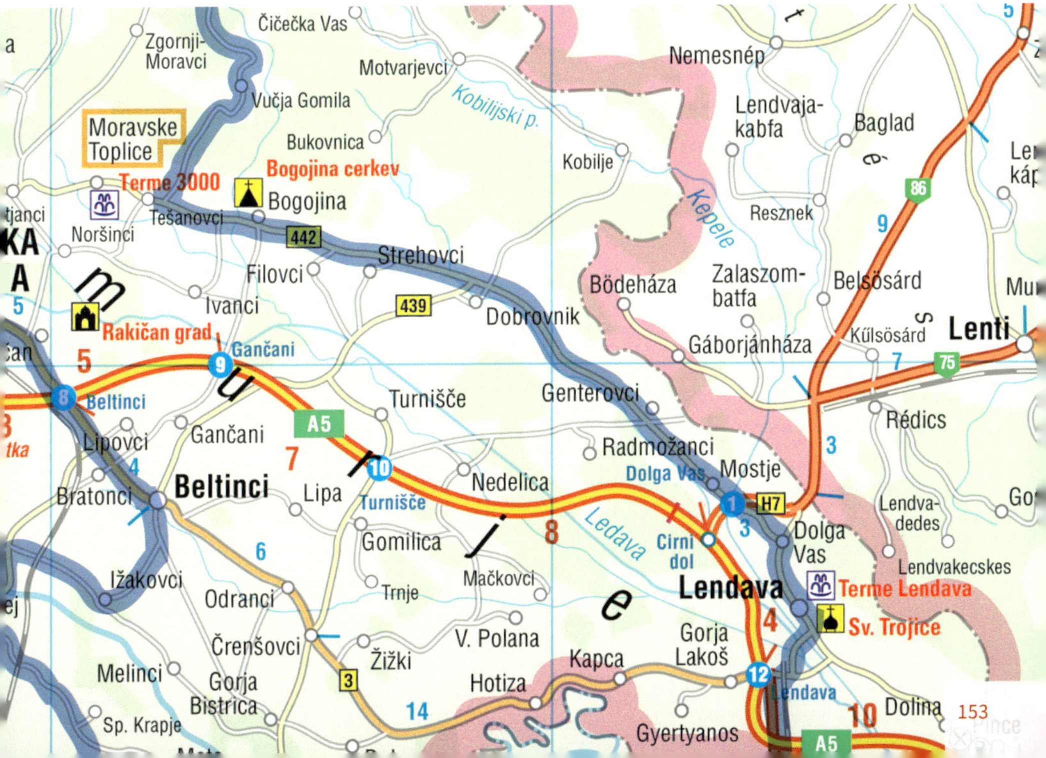

TIPP DES AUTORS

Das unscheinbare Örtchen **SAKUŠAK** bei Juršinci ist der Geburtsort von Johann Puch. Als Schlosser und Fahrradkonstrukteur legte er den Grundstein für sein Lebenswerk, der Herstellung von Autos und Motorrädern. In Sakušak gibt's ein kleines, aber sehr feines Museum über seine Arbeit. Man muss es gesehen haben! Mehr Infos dazu gibt es im Internet unter **janez-puh.si**

re mich über die kurze Entfernung von gerade mal sechs Kilometern. Falsch gedacht, hier handelt es sich um einen slowenischen Namensvetter, der zugegebenermaßen auch nicht annähernd so attraktiv ist wie die dalmatinische „Perle der Adria".

Ganz im Osten

Durch die ländliche Region führt uns die Sonnenstraße zügig in Sloweniens östlichste Gemeinde *Lendava* und nach wenigen Kilometern erreichen wir die kroatische Grenze. Es ist nur ein kurzer Abstecher ins Nachbarland. Schon nach gut 15 Kilometern sind wir wieder zurück in Slowenien.

Kontrolliert wird hier nur mal sporadisch, heute haben wir an beiden

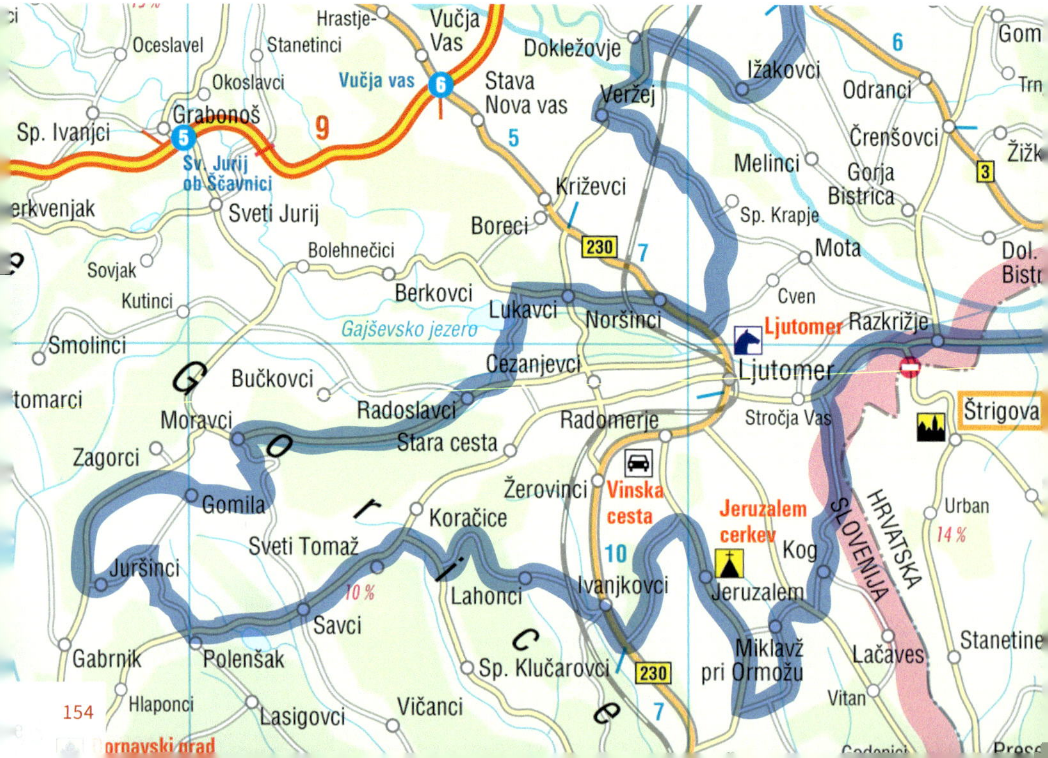

Das Puchmuseum in Sakušak ist ein Muss für Fans.

Grenzübergängen keine Uniformen gesehen. Kein Wunder, schließlich gehören ja beide Staaten mittlerweile zur EU. In wildem Zickzack-Kurs folgen wir der Windischen Bühel, einem bogenförmigen Hügelland und traditionell gemischtsprachigem Gebiet. Und wie das so ist im Hügelland, entzücken die Straßen mit einer fantastischen Streckenführung, die sich in ständigem auf und ab durch die Berge windet – Motorradfahrerland eben.

Historische Motorräder

Auf dem Gebiet der Gemeinde *Juršinci* rollen wir gerade durch den Ortsteil ***Sakušak***, als mich ein großes Puch-Schild neugierig macht. Puch, da fallen mir doch spontan historische Motorradmodelle ein.

Also mache ich doch direkt mal kehrt und Kiki und ich gehen der Sache auf den Grund. Es ist ein sehr schön renoviertes Bauernhaus, welches das Schild trägt. Es entpuppt sich

Schöne Pfarrkirche im Ort Ljutomer.

Sloweniens Nordosten ist Weinlandschaft.

als Museum. Wie wir erfahren, wurde hier im Ort ***Sakušak*** 1862 Johann Puch geboren, jener Visionär, Erfinder und Motorradkonstrukteur. Ihm zu Ehren hat der ortsansässige Puch-Verein ein kleines, aber sehr feines Museum eingerichtet. Nicht nur die Originaleinrichtung des kleinen Bauernhauses mit Möbeln, Gebrauchsgegenständen bis hin zur Bettwäsche aus den 1920er Jahren begeistert uns. Auch die technischen Exponate sind mit viel Liebe zusammengetragen.

Puch erfand nicht nur das erste Fahrrad mit Kette und zwei gleich großen Rädern, er war auch Pionier im Motorradbau. So steht im Museum auch eine wie neu aussehende Puch S4 aus dem Jahr 1935 und verschiedene andere Modelle. Dass wir zudem eine kompetente Führung durch eine deutsch sprechende, freundliche junge Dame erhalten, macht unseren Besuch perfekt.

Quer durch die Weinlandschaft kurven wir vorbei an dem kleinen Örtchen ***Ljutomer*** und erreichen bald den Fluss Mura. Hier mahlten einst zahlreiche durch Wasserkraft angetriebe-

Die Mühle der Familie Babič in Veržej.

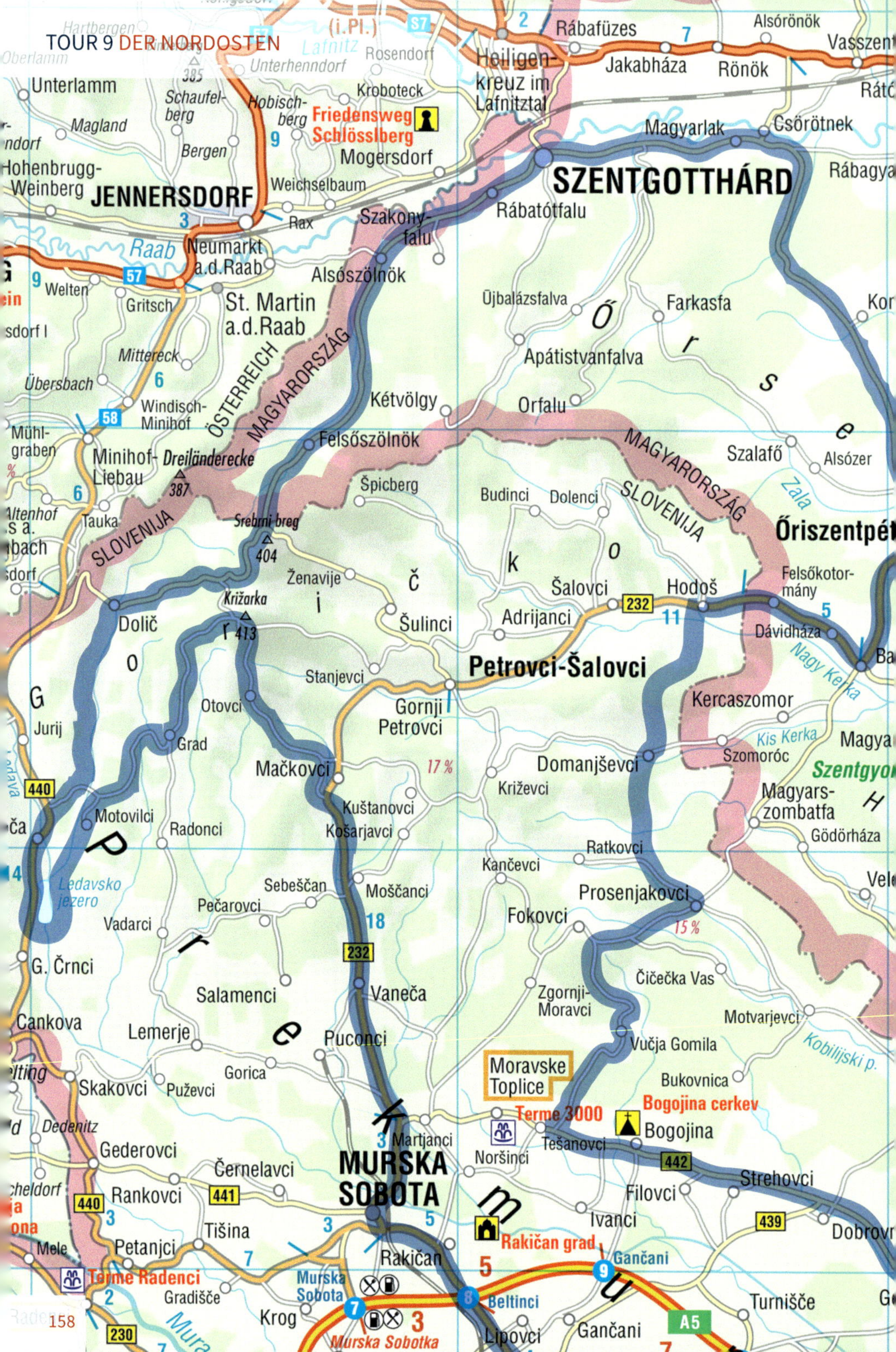
SZENTGOTTHÁRD
JENNERSDORF
MURSKA SOBOTA
Petrovci-Šalovci
Moravske Toplice
Friedensweg Schlösslberg
Bogojina cerkev
Terme 3000
Rakičan grad
Terme Radenci
ÖSTERREICH
MAGYARORSZÁG
SLOVENIJA
Dreiländerecke
Heiligenkreuz im Lafnitztal
Rábafüzes
Mogersdorf
Neumarkt a.d.Raab
St. Martin a.d.Raab
Felsőszölnök
Alsószölnök
Hodoš
Dolič
Grad
Mačkovci
Puconci
Beltinci
Gančani
Lipovci
Tišina
Petanjci
Cankova
Ledavsko jezero

Das Wasserad der Mühle ist im Fluss vertaut.

ne Mühlen das Korn der Region. Ein besonders interessantes Exemplar ist heute noch erhalten: die Mühle der Familie Babič in *Veržej*. Sie ist zum Glück gut ausgeschildert, ansonsten wäre sie sicher auch nur schwer zu finden. Über einen holprigen Feldweg erreichen wir das hölzerne Gebäude am Ufer der Mura.

Mächtiges Wasserrad

Die Konstruktion ist faszinierend. Auf großen Schwimmern treibt ein mächtiges Wasserrad fest vertäut im Fluss. Dessen Rotation wird über einen riesigen Riemen auf die Mühle auf dem Land übertragen. Für gerade mal einen Euro Eintritt dürfen wir die Mühle besichtigen und der Müllerin bei ihrer Arbeit über die Schulter schauen.

Es rappelt und rumpelt, überall bewegen sich irgendwelche hölzernen, mechanischen Teile. Hunderte große Papiersäcke voll strahlend weißen Mehls stehen herum und eine umtriebige Katzenfamilie sorgt dafür, dass sich keine Mäuse als Untermieter einstellen. Es ist faszinierend sich vorzustellen, dass sich diese Arbeit seit ewigen Zeiten kein bisschen geändert hat und dieser Betrieb auch heute noch eine Familie ernährt.

Wir überqueren die Mura und treffen beim Städtchen *Murska Sobota*

TIPP DES AUTORS

MURSKA SOBOTA beherbergt in seiner sehenswerten Burg ein recht interessantes Heimatmuseum. Wer sich für die Geschichte der Region und die Lebensverhältnisse der Menschen früher interessiert, wird hier fündig.

Dieses ungewöhnlich große Schild warnt vor Wildwechsel.

wieder auf die *Sonnenstraße*, die uns weiter gen Norden führt. Die Landschaft ändert sich, es wird wieder berggiger, steiler, je weiter wir auf Österreich zukommen.

Im Oktober 2003 erklärte die slowenische Regierung diese Region, ein 462 Quadratkilometer großes Gebiet, zum Naturschutzgebiet *Goričko*. Eine einsame, ländliche Region am Eck von *Österreich-Slowenien-Ungarn*, ideal für Entdeckungsfahrten vorbei an von Löwenzahn übersäte Wiesen, einsamen Bauernhöfen und glücklich aussehenden Kühen.

Optische Täuschung

Ein Reh, am helllichten Tag am Straßenrand lauernd, lässt mich kräftig in die Bremsen steigen – Wildunfälle gehen meist übel aus. Aber auch beim Näherkommen rührt sich das Haarwild nicht und steht weiter unbeweglich an der Straße. Kein Wunder, wie wir bald erkennen, ist es aus Blech und in dieser Form wesentlich wirkungsvoller als jedes Wildwechsel-Schild.

Bald erreichen wir *Grad*, einen den größten Orte des Naturschutzgebiets. Hier steht das gleichnamige Schloss, aufwendig restauriert und instand gesetzt. Seit 2003 residiert in dem historischen Gemäuer das Informationszentrum der Region. Kombiniert ist das Ganze mit einem spannenden Museum, das die traditionellen ländlichen Handwerksberufe der Region vorstellt. Ebenso interessant sind die angeschlossene Schnapsbrennerei, der Weinkeller und die Räucherküche.

Nur wenige Kilometer weiter bei *Martinje* lockt uns ein Abstecher nach *Ungarn*. An der Grenze steht ein Dienstfahrzeug des Zolls auf der Straße und zwei uniformierte Zöllner sitzen entspannt vor ihrem Büro. Eigentlich gibt es auch hier längst keine Kontrollen mehr. Wie auch Slowenien ist Ungarn schon vor geraumer Zeit dem Schengener Abkommen beigetreten und Grenzkontrollen gehören damit der Vergangenheit an.

Stolz thront der Storch in seinem Nest bei Tešanovci.

Wahrscheinlich haben die beiden Kollegen einfach Langeweile. Kein Problem für uns: ein neugieriger Blick auf unsere BMW, ein kurzer Plausch über das Woher und Wohin, Ausweise interessieren niemanden. Dann sind wir schon drüben. Es wird, was wir kaum für möglich halten, noch ein bisschen einsamer. Ewig windet sich der holprige Asphalt durch den Wald. Nur vereinzelt taucht mal hier und mal da ein einzelnes Haus auf. Hier gibt es jede Variante, von der verfallenen, aber bewohnten Bruchbude bis zum schmucken, repräsentativen Einfamilienhaus mit Mercedes vor der Tür und Pool im Garten.

Als wir im Ort *Szentgotthárd*, gerade mal drei Kilometer von der österreichischen Grenze entfernt, anhalten, um einen Blick in unsere Straßenkarte zu werfen, kommt sofort eine junge Frau heran geradelt. In fast perfektem Deutsch fragt sie, ob wir ein Problem hätten und erklärt uns so-

Das Schloss Grad ist einen Besuch wert.

Das tolle Fass passt leider nicht ins Gepäck.

fort den weiteren Weg. Obendrein hat sie auch gleich noch eine lange Abhandlung über den Ort parat. Als sie von dannen radelt, schauen wir uns an und haben den gleichen Gedanken. Wie schön wäre es, wenn man auch in Deutschland immer so freundliche Auskünfte bekommen würde.

Kleines Nest

Der beschriebene Weg führt uns weiter nach Süden, nach **Öriszentpeter**. In dem kleinen Nest sagen sich zwar Fuchs und Hase gute Nacht, aber es gibt ein nettes Café. Ich parke die GS gleich daneben und wir ordern ein großes, leckeres Eis.

Erst beim Bezahlen fällt mir ein, dass wir nicht mehr im Land des Euros sind. Sehr ungewöhnlich, Geld tauschen kennen wir ja kaum mehr noch. Das sei aber kein Problem, meint der Kellner, wir könnten auch gerne mit Euro bezahlen.

Ein wenig kurven wir noch durch die ungarischen Wälder, dann geht es wieder zurück nach ***Slowenien***. In der Grenzregion, entlang des Flusses Kerka, weisen zahlreiche Schilder rechts und links der Straße auf kreuzende Otter hin.

Hier lebt die größte Population Sloweniens und die putzigen Tierchen rennen über die Straße, wann immer es ihnen passt. Die marderähnlichen Tiere hier fühlen sich hier sichtlich wohl und es gibt zahlreiche Projekte zu ihrem Schutz.

Bei ***Hodoš*** biegen wir scharf links ab. Fast alle Schilder sind hier zweisprachig, die Einwohner sind größtenteils Ungarn. Die letzten Kilometer folgen wir dann dem Verlauf der Grenze bis ***Moravske Toplice***. Hier erwartet uns nicht nur unser Zelt, sondern auch die uns schon wohlbekannte Therme – die perfekte Erholung nach einem spannenden Tag im Moppedsattel. ◂

INFOS ZUR TOUR

CHARAKTERISTIK

Diese Tour durch den Nordosten Sloweniens stellt keine übermäßig hohen Ansprüche an den Motorradfahrer. Hier geht's um Erholen, Cruisen, Entdecken und die entspannten Seiten des Reisens. Aber nicht täuschen lassen: Bei der Tour durch das Dreiländereck Slowenien-Österreich-Ungarn und dem Abstecher nach Kroatien bleibt der Fahrspaß auf keinen Fall auf der Strecke.

ÜBERNACHTUNG

Kürbishof Majczan
Sicheldorf 38, A-8490 Bad Radkersburg
Nette, familiäre Unterkunft im Dreiländereck mit vier Apartments
www.majczan.at
GPS 46.681278, 16.031139

Hotel Restaurant Bistro RAFFEL
Hauptplatz 6, A-8380 Jennersdorf
Sehr schön restauriertes Traditionshaus mit gutem Restaurant.
www.raffel.at
GPS 46.937306, 16.140250

KOMBINATIONSMÖGLICHKEITEN

Kombinieren lässt sich diese Tour bestens mit einem Abstecher nach Österreich. Gleich jenseits der Grenze liegen die Klöcher Weinstraße und die Südoststeirische Weinstraße. Beide laden zu kulinarischen, aber auch fahrerischen Genüssen. Diese interessante Tour lässt sich auch hervorragend von Maribor aus starten, das nur 26 Kilometer Luftlinie von Sakušak – im Südwesten der Tour – entfernt liegt.

Istriens Osten

Istriens geschützte Ostküste ist auch heute noch ein Geheimtipp unter Motorradreisenden. Hier finden sich nicht nur die schönsten Kilometer Küstenstraße Kroatiens, hier liegen auch malerische Orte, einladende kleine Meeresbuchten und fantastische Nebenstrecken. Das bildschöne Hinterland lädt zu spannenden Entdeckungsreisen auf unbekannten Pfaden und einsamen Landstraßen – ein Paradies für Moppedfahrer.

Die Küstenstraße in Istrien bietet naturgemäß viel Meerblick.

SLOVENIJA
HRVATSKA
Matulji
Opatija
RIJEKA
Lovran
Riječki zaljev
Vela Vrata
Srednja vrata
Cres
Kvarner
Učka-Tunnel (5km)
Učka planina
Lupoglav
Vranja
Buzet
Roč
Hum
Pazin
Beram
Gračišće
Pićan
Šumber
Kršan
Plomin
Labin
Rabac
Raša
Koromačno
Brseč
Mošćenice
Mošćenička Draga
Barban
Žminj
Kanfanar
Svetvinčenat
Vodnjan
Fažana
PULA
Marčana
Medulin
Kastav
Marinići
Motovun
Sočerga
Hrastovlje
Istarske Toplice
Dragući
Paz
Kožljak
Čepić
Aerodrom Pula

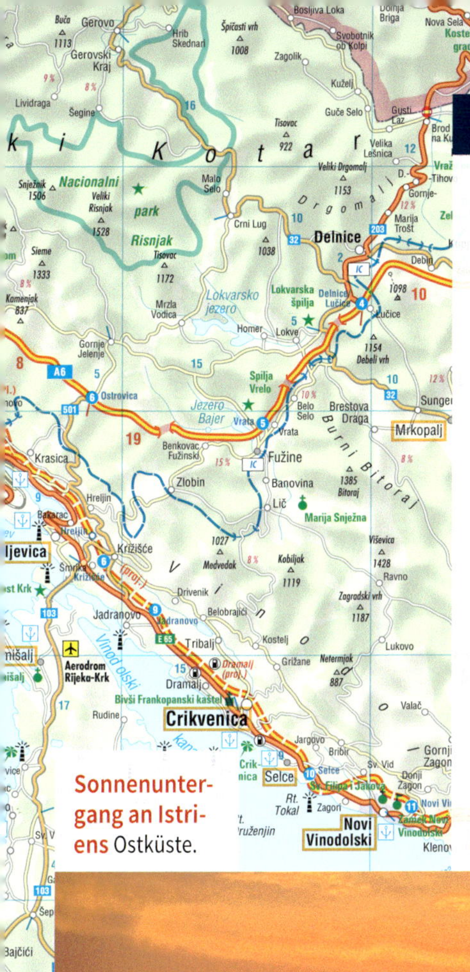

EXTRA-TIPP

BASISORT

Pazin (45.23978, 13.93731)

STRECKENLÄNGE

ca. 230 km

DAUER DER TOUR

6 Stunden

ROADBOOK

Pazin, Kršan, Labin, Skitaća, Labin, Plomin, Lovran, Hochplateau Ćićarija, Kršan, Pazin

HIGHLIGHTS

Mit gut 1400 Metern Höhe ist der Vojak der höchste Berg des Učkagebirge in Istrien (45.275368, 14.196573). Labin mit seiner herrlichen Altstadt ist perfekt für die Pause unterwegs und einen kleinen Bummel (45.096812, 14.118161). Die Küstenstraße zwischen Plomin (45.137358, 14.180407) und Lovran (45.291519, 14.277349) ist Istriens schönstes Stück Straße.

Sonnenuntergang an Istriens Ostküste.

Pazin ist Hauptort der alten Markgrafschaft Istrien.

Eine wilde und höchst abwechslungsreiche Geschichte zu bieten hat Istrien, die größte Halbinsel der nördlichen Adria. Einst war sie selbstständige Markgrafschaft, nannte sich Meranien. Hauptort Meraniens und auch heute noch eine wichtige Stadt für die Region ist *Pazin*.

Mit seiner Burg, dem Kloster, den vielen alten Gebäuden und dem unter der Erde verschwindenden Fluss Fojba ist *Pazin* ein echtes kroatisches Highlight. Für Kiki und mich zudem Ausgangspunkt für eine Runde durch das Hinterland Istriens. Wir gönnen uns ein leckeres Frühstück in einem der Cafés, drehen noch ein, zwei Runden entlang der dicken, grauen Befestigungsmauern rund um die größte Burg Istriens mitten in Pazin, dann drehe ich ab Richtung Osten und folge der Landstraße, die sich durch das hügelige Land tastet. Fast alleine sind wir unterwegs, genießen die lang gestreckten Kurven und den angenehmen und kühlen morgendlichen Fahrtwind.

Nach ein paar Kilometern lockt uns *Pican* zu einem kleinen Abstecher. Einige wenige Häuser, geduckt hinter dem alten Stadttor. Vieles wirkt hier

Unterwegs zwischen Pazin und Pican.

recht verfallen, aber überall wird renoviert, gemauert, gestrichen. Ähnlich ist es auch in *Kršan*. Neu aufgebaute Mauern thronen neben eingefallenen Überresten. Darüber ragen die mächtigen Überreste des Kastells in den Himmel. Innerhalb der Mauern finden sich liebevoll dekorierte Arkaden. Alte Wasserkannen, geflochtene Körbe, bunte bepflanzte Schalen und Töpfe verschönern die bewohnten Teile der alten Festung. Dennoch wirkt alles wie ausgestorben, am frühen Vormittag scheint niemand unterwegs zu sein.

Ein Stück Magistrale

Ein bisschen schwingen wir noch über die kurvige Landstraße, dann kreuzen wir kurz vor *Labin* die Jadranska Magistrala, die früher so viel befahrene und berüchtigte jugoslawische Küstenstraße.

Nur wenige Meter folgen wir ihr, dann geht es schon wieder ab und wir steuern gen Süden zum *Zaljev Raša*, dem fjordartig tief in das Inland ragenden Meeresarm. Mehrere kleine Ne-

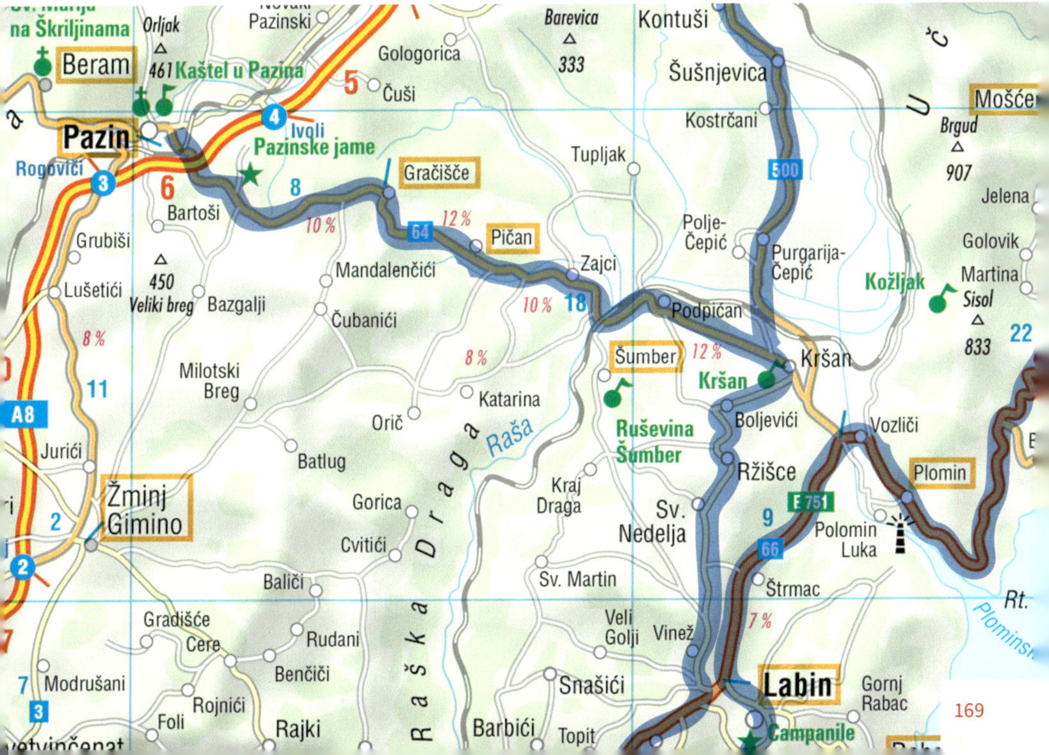

Innenhof im bildschönen Dorf Kršan.

benstrecken schlängeln sich auf beiden Seiten hinunter ans Wasser. Hier wechseln sich schmale, sandige Buchten mit steinigen Abschnitten ab, glasklares Wasser schwappt gegen die Felsen oder rauscht als breite Welle unermüdlich gegen den goldgelben Sand. Gleich mehrere Leuchttürme sichern die Fahrt der Boote bis zum ehemaligen Hafen *Bršica* am Ende des Fjords.

Dort finden schon seit Jahrhunderten Boote und Schiffe sicheren Schutz gegen wilde Unwetter und vor allerlei Gefahren, denen man früher als Seemann sonst noch ausgesetzt war. In einem großen Bogen entlang der Küste über *Koromačno* nehmen wir wieder Kurs auf Labin. Hoch über *Koromačno* blickt von einem 475 Meter hohen Berg die mittelalterliche *Festung Turanj* auf uns herab. Wir denken über einen Besuch nach, entschließen uns dann aber doch, das kleine Küstenstädtchen *Rabac* anzusteuern.

Langer Wunschzettel

Mit Blick auf die in der Bucht dahin schaukelnden Boote, gönnen wir uns einen schnellen, heißen Espresso im Café, bevor wir schließlich via *Labin* wieder der *Jadranska Magistrala* gen Norden folgen. Auch Labin steht noch auf unserem Besichtigungs-Wunschzettel, aber alles zu seiner Zeit – jetzt heißt es Motorrad fahren.

Über *Plomin* und sein etwas südlich liegendes Cap finden wir uns auf der spektakulären Küstenstraße wieder. Diese Verbindung zwischen dem ***Plominski Fjord*** und dem Örtchen ***Ičići*** zu Füßen des Berges Učka gehört zu den schönsten Küstenabschnitten der nördlichen Adria. Hoch über dem blau leuchtenden Meer, entlang der mächtigen, fast 1000 Meter hohen Berge, windet sich der Asphalt durch die Landschaft.

Blühende Macchia, meterhohe Säulenwacholder fliegen an uns vorbei. Der Blick hinaus auf das Wasser, wo Fischerboote schnurgerade, weiße Striche durch das Wasser ziehen, ist einfach genial. Mehr als einmal stellen wir die BMW neben der Straße ab und genießen die fantastischen Ausblicke. Einige wenige kleine ehemalige Fischerdörfer warten zwischen den Klippen der Küste auf Besucher, urige, handtuchgroße Badestrände auf verwegene Badegäste, die die steilen Wege ans Wasser nicht scheuen.

Hinter ***Lovran***, bei ***Ičići***, müssen wir uns schließlich doch von dem schönen Panorama losreißen und halten uns wieder ins Landesinnere. Mit eini-

TIPP DES AUTORS

Mit der Enduro in Istrien unterwegs? Dann lockt die nicht ganz einfache Offroad-Piste hinauf auf den **VOJAK**. Zur Zeit werden ein paar Etappen der Piste auch asphaltiert. Einfach mal probieren, die Aussicht vom Gipfel ist auf jeden Fall einen Besuch wert. Sollte im Gepäck Platz für die Wanderstiefel gewesen sein, hier ist man richtig. Fantastische Wanderwege durch unberührte Natur führen auf den Berg. Das ideale Basislager dafür ist das Küstenstädtchen Lovran.

Trotz nur 180 Einwohnern hat Roč (links) Stadtrechte. Kršan ist fast ein Freilichtmuseum (unten).

gen spannenden Serpentinen arbeitet sich der Asphalt auf das Hochplateau *Ćićarija* hinauf. Wer nicht die richtige Abzweigung zu dieser spannenden Strecke entdeckt, findet sich ruckzuck im kilometerlangen Tunnel der Autobahn A8 wieder. Die entlastet heute die *Jadranska Magistrala* und ließ diese als Touristenroute wieder neu aufblühen.

Die Jadranska Magistrala ist eine der weltweit schönsten Küstenstraßen.

Oben in den Bergen fliegen wir durch die urwüchsige, einsame Landschaft auf Slowenien zu. Lange Geraden führen durch eine flache, mit weiten Wiesen und niedrigen Büschen gespickte Natur. Wer möchte, kann von hieraus wieder hinüber nach Slowenien fahren, die Grenze ist nah. Kiki und ich entschließen uns zu einer erholsamen Pause, breiten die Picknickdecke aus und genießen die absolute Ruhe und Einsamkeit.

Policija im Anmarsch

Nach wenigen Minuten ist jedoch erstmal Schluss mit Einsamkeit. Während ich verträumt den weißen Federwolken am leuchtend blauen Himmel hinterher schaue, höre ich Motorengeräusche eines sich nähernden und langsamer werdenden Autos. Policija steht in großen weißen Buchstaben auf der Karosserie.

Die beiden Uniformierten haben ganz offensichtlich etwas Langeweile. Gut zehn Minuten erzählen wir über Gott und die Welt und BMW-Motor-

Trstenik
Male Mune
Cerovica
841
Žejane
Odmorišžte
Permani
Klenovščak
Glavica
Račja Vas
Prapoče
Orljak
1106
Veli Brgud
Brešca
Ružići
Gornja Nugla
Gradski bedem Roč
Lanišće
Perka
Šija
1241
Zvoneće
Jurdani
Mučići
Čiritež
Roč
Županj vrh
1141
Brnčići
Jušići
Crni Vrh
1031
Matulji
Forčići
Brgudac
Aleja Glagoljaša
Ročko Polje
Planik Alpe Grande
1273
Mihotići
Volosko
Kršvari
Lupoglav
Mahen vrh
1144
Veprinac
Hum Najmanji grad na svijetu
Hum
Brest pod Učkom
Opatija
Lesišćina
Vranja
Učka-Tunnel (5km)
Ičići
Ika
Borut
Vela Učka
Lovran
Liganj
Vojak
1401
Lovranska Draga
498
Paz
Sv. Marija od Karmela
Učka planina
Medveja
Cerovlje
Kraj
Barevica
333
Kontuši
Gologorica
Čuši
Šušnjevica
Mošćenička Draga
Mošćenice
Kostrčani
Brgud
907
Tupljak
Gračišće
Jelena
Pičan
Polje-Čepić
Purgarija-Čepić
Golovik
Mandalenčići
Zajci
Martina
Kožljak
Sisol
833
Čubanići
Podpićan
Brseč
Šumber
Kršan
Katarina
Orič
Boljevići
Vozlići
Raša
Ruševina Šumber
Brestova
Plomin
Kraj Draga
Ržišće
Gorica
Sv. Nedelja
Porozina
Kal
456
Cvitići
Polomin Luka
Sv. Martin
Štrmac
Filozići
Rt. Mašnjak
Veli Golji
Vinež
Plominska Luka
Snašići
Labin
Gornj Rabac
Dragozetići
Barbići
Topit
Campanile
Rabac
Krapan
Veli Cr
Učka
Vela Vrata
Raška Draga
A8
E751
E61
500
64
66

Die Kanone in Roč schießt heute nicht mehr.

räder, bevor sie sich freundlich winkend wieder auf die Socken machen.

Wir brechen auch bald wieder auf und verlassen die Einsamkeit des bergigen Hochlands gen Süden. Bald stoßen wir auf die Autobahn, folgen ihr für drei Kilometer und biegen gleich vor dem Tunneleingang wieder in Richtung ***Vranja*** ab.

Die Landstraße folgt dem Verlauf des mächtigen Učka-Gebirgsmassiv. Zu seinen Füßen schlängelt sie sich in Richtung ***Kršan*** und teilt sich das Tal mit dem Flüsschen Bóljunšćica und

Mittelalterliches Kleinod in Plomin.

Bahnübergang zu Füßen des Učka-Gebirgsmassivs.

der uralten, wohl kaum noch befahrenen Eisenbahnstrecke *Raška-Draga*.

Klein, aber fein: So lässt sich zutreffend *Kršan* beschreiben. Kaum hinein mit dem Motorrad, endet der Weg vor einem Stück Stadtmauer, einer hohen Stufe oder einer Türe. Dennoch ist das kleine Städtchen einen Besuch wert.

Altes Gemäuer mit moderner Technik.

Hinter einer uralten, aber noch wehrhaften Stadtmauer verstecken sich einige wenige, nicht minder alte Bauten und die urige Kirche mit dem separaten, abgesetzten Turm. Einige Häuser sind noch bewohnt, es wird kräftig renoviert und gearbeitet. Eine beeindruckende Kulisse und sicher ein Traum, wenn hier mal alles restauriert sein wird.

Bildschönes Ensemble

Wieder zurück in Richtung *Pazin* düsen wir für ein paar Kilomete über die kurvenreiche Landstraße, dann nimmt uns das bildschöne Stadtensemble von *Pazin* erneut gefangen. Hier, wo wir heute morgen unsere Istrientour begannen, lassen wir sie auch wieder ausklingen. Wie es sich für einen solchen Hauptort gehört, glänzt Pazin nicht nur mit Übernachtungsmöglichkeiten, sondern auch mit so manchem einladenden Restaurant. ◄

INFOS ZUR TOUR

CHARAKTERISTIK

Diese Tour führt entlang des schönsten Stückchens Küstenstraße, das Istrien aufbieten kann. Fantastische Ausblicke weit hinaus aufs Meer und eine herrliche, kurvenreiche Streckenführung entlang der Klippen machen die Tour zu einem Genuss. Gleich zu Füßen des 1400 Meter hohen Berges Vojak lässt es sich vorzüglich cruisen.

ÜBERNACHTUNG

Restaurant Hotel Kvarner
Šetalište S. Marco bb, 52220 HR-Labin
Nettes Haus mit gemütlichen Zimmern.
www.rabac-labin.com
GPS 45.085500, 14.123472

Apartment Bertossin Rovini
Moscenice, 76 A, HR-51417 Mošćenička Draga
Schöne Apartments in Berglage.
www.bedandbreakfast.eu
GPS 45.085500, 14.123472

Pension Villa Ana
Lokva 11, HR-51415 Lovran
Freundliche familiäre Pension, Zimmer mit Ausblick auf die Kvarner Bucht.
www.pension-villa-ana.de
GPS 45.298750, 14.271472

Hotel Park
M.Tita 60, HR-51415 Lovran
Angenehmes Hotel mit Restaurant direkt an der Altstadt und am Strand.
www.hotelparklovran.hr
GPS 45.291806, 14.277389

KOMBINATIONSMÖGLICHKEITEN

Für Vielfahrer und als Ergänzung zu dieser Tour entlang der Ostküste von Istrien, bietet sich ein Abstecher nach Italien durch das Val Rio del Lago und durch den Parco Regionale Prealpi Giulie und zurück an. Damit lässt sich aus dieser Tagestour auch durchaus eine Zwei-Tagestour bauen.

KLIMA | WETTER | REISEZEIT

Slowenien misst zwar in Ost-West-Richtung gerade mal 250 Kilometer und von Nord nach Süd rund 150 Kilometer, durch die unterschiedlichen Geographien der Regionen ist das Klima innerhalb des Landes jedoch sehr unterschiedlich und besteht aus mehreren Klimazonen. Eine einheitliche Aussage ist daher schwer möglich.

Während an der Küste mediterranes Klima mit heißen Sommern und kühlen, kurzen Wintern vorherrscht, ist das Klima im Karst kontinentaleuropäisch. In den Alpen herrscht das typische Alpen-Bergklima, dessen Temperaturen nicht nur von der Jahreszeit, sondern auch von der Höhenlage abhängen.

Das bedeutet im Schnitt Motorradsaison vom späten Frühjahr bis in den frühen Herbst. Im Frühling blüht die duftende Macchia, im Herbst leuchten die Farben des Indian Summer.

Müssten wir uns festlegen, würden wir als ideale Reisezeit die Monate Mai und Juni sowie September und Oktober empfehlen. Juli und August sind auch okay, in der Hauptsaison kann es jedoch bisweilen recht voll und an der Küste recht heiß werden.

Im Karst und an der Küste Sloweniens weht gelegentlich ein sehr starker und kalter Fallwind, die Bora. Glücklicherweise dauert dieses Phänomen im Sommer oft nur einen Tag. Einzelne Böen der Bora können deutlich über 200 km/h erreichen. Ist die Bora vorhergesagt, muss das Motorrad stehenbleiben, alles andere wäre lebensgefährlich. Während der Bora sind nicht selten Brücken und Küstenstraßen gesperrt.

Und gleich noch zwei Tipps rund ums Wetter: Regenkombi nicht vergessen! In Sloweniens Bergen oder im Hochland kann das Wetter rasch wechseln. Bei Bergtouren auch lieber einen warmen Pulli mehr mitnehmen. Außerdem können abgefahrene Reifen bei Nässe in Slowenien und dem angrenzenden Kroatien zu echten Problemen führen. Bei Nässe heißt es aufpassen. Slowenische Straßen sind dann oft deutlich rutschiger als deutscher Asphalt.

PRAKTISCHES

Das offizielle Slowenische Tourismus-Informationsportal. Auf der hochinteressanten Seite gibt es unzählige Infos, Tipps, es lassen sich Unterkünfte buchen und vieles mehr. **slovenia.info**

Sehr informativ ist auch diese Internetseite: **slowenien.schon-entdeckt.eu**

Sloweniens Hauptstadt Ljubljana, früher Laibach, ist alleine schon eine Reise wert und war 2016 die *Grüne Hauptstadt Europas*. Das geballte Programm dieser liebenswerten Stadt findet sich unter **visitljubljana.com**.

DEUTSCHLAND

Slowenisches Fremdenverkehrsamt
Maximiliansplatz 12 a
80333 München
T. +49 (089) 29 16 12 02
info@slovenia.info

ÖSTERREICH

Slowenisches Tourismusbüro
Opernring 1/R/4/447
1010 Wien
T. +43 (1) 715 40 10
info@slovenia.info

SCHWEIZ

Slowenisches Tourismusbüro
Lerchenstrasse 16, 8027 Zürich
T. +41 (43) 344 32 32
slowenien@uniquetravel.ch

In Notfällen, wenn zum Beispiel das Motorrad, Geld oder die Papiere weg sind, gibt es Hilfe bei den jeweiligen diplomatischen Vertretungen der Heimatländer.

DEUTSCHE BOTSCHAFT

Prešernova cesta 27, SI-1000 Ljubljana
T. +386 (0) 1 479 03 00
info@laibach.diplo.de
www.ljubljana.diplo.de

ÖSTERREICHISCHE BOTSCHAFT

Prešernova cesta 23, SI-1000 Ljubljana
T. +386 (0) 1 479 07 00
post@bmeia.gv.at
www.bmeia.gv.at/oeb-laibach

SCHWEIZER BOTSCHAFT

Trg republike 3, SI-1000 Ljubljana
T. +386 (0) 1 200 86 40
lju.vertretung@eda.admin.ch
www.eda.admin.ch/ljubljana

ANREISE

Die schnellste und zügigste Anreise aus Deutschland führt über München, an Salzburg vorbei nach Villach. Österreich verlässt man dann durch den etwa acht Kilometer langen Karawankentunnel und erreicht auf der anderen Seite der Karawanken Slowenien. In Österreich gilt auf Autobahnen Vignettenpflicht. Die Pickerl gibt es an Tankstellen und an der Grenze zu kaufen.

Aus dem östlichen Österreich fährt man über Graz und überfährt kurz vor Maribor die österreichisch-slowenische Grenze. Eine interessante Alternative mit dem Motorrad ist die Einreise über den Seebergsattel, der auch gleich Bestandteil der Tour 3 ist. Wer Zeit und Muße hat kann auch den am weitesten westlich gelegenen Pass der Karawanken, den Wurzenpass, wählen. Die interessante Straße mit bis zu 18 Prozent Steigung verbindet Villach in Kärnten mit dem oberen Savetal um Kranjska Gora.

Früher bestand die sehr reizvolle Möglichkeit via Bahnverladung bis Villach zu reisen. Leider hat die Deutsche Bahn diesen Service eingestellt und aktuell gibt es zur Drucklegung dieses Buches nur noch Verbindungen zwischen Hamburg und Lörrach oder München. Dies könnte sich jedoch auch wieder irgendwann einmal ändern. Ein entsprechende Suche im Internet verschafft Klarheit.

NOCH EIN WICHTIGER TIPP Vorsicht, in Österreich gibt es auf den Landstraßen in Richtung Slowenien viele Geschwindigkeitskontrollen und die Strafen sind deftig.

UNTERKUNFT

Einen Platz für die Nacht zu finden, ist in Slowenien relativ einfach. An zahlreichen Häusern prangt das Schild *sobe* und weist damit auf Privatzimmer hin. Wir haben damit noch nie schlechte Erfahrung gemacht. Im Gegenteil, der meist recht nette Kontakt mit den Gastgebern hat uns schon so manchen prima Tipp und Empfehlung eingebracht.

Wir wurden übrigens schon mehrmals von Einheimischen angesprochen, ob wir eine Unterkunft suchen würden. Dreimal sagten wir ja und dreimal machten wir sehr nette Erfahrungen.

Bleibt man etwas länger vor Ort, achtet man auf das Schild a*partma*. In den praktischen Ferienappartements gibt es dann mehr Platz, meist eine Küche und oft umfangreiche Ausstattung : eine sehr angenehme und autarke Art der Unterkunft.

Hotels sind nach europäischem Standard mit einem bis fünf Sternen gekennzeichnet. Einfachere Pensionen, oft mit angeschlossener Gaststätte, gibt es zahlreich. In der Hauptsaison in der Nähe der Touristenzentren ist es hilfreich, Unterkünfte vorher zu reservieren. Dies geht problemlos über die oben genannten Internetseiten oder die einschlägigen Hotel-Reservierungsportale.

In Slowenien gibt es eine ganze Reihe sehr schöner Campingplätze in allen möglichen Größen und Ausstattungen. Uns hat besonders gut der Campingplatz Šobec bei Lesce in der Nähe von Bled gefallen. Der Platz bietet sehr viel und liegt sehr schön in einem Kiefernwald zwischen dem Šobecer See und dem Fluss Sava Dolinka. Es lassen sich auch Bungalows mieten, im Restaurant locken frisch gegrillte Forelle, hausgemachte Knoblauchsuppe, traditionelle slowenische Kuchen und Strudel und mehr.

KARTEN | REISEFÜHRER

Die wohl beste **STRASSENKARTE** ist derzeit die Karte **SLOWENIEN** von **FREYTAG & BERNDT** Autokarten im Maßstab 1:150.000 mit Stand 2015. Diese Karte glänzt nicht nur mit einem übersichtlichen Straßenbild, sie verfügt auch über zahlreiche Zusatzinformationen wie zum Beispiel Straßenbeschaffenheit, Sehenswürdigkeiten, Campingplätze und verschiedene Stadtpläne. Ein umfangreiches Ortsregister erleichtert die rasche Orientierung. Die Karte kostet 9,99 Euro und ist wie die weiter beschriebenen Reiseführer im Buchhandel oder via Amazon erhältlich. ISBN 978-3707904734

Zum gleichen Preis erhältlich ist der kompakte **DUMONT** direkt **REISEFÜHRER SLOWENIEN**. Auf 120 interessant bebilderten Seiten zeigt der Band Slowenien-Highlights, alle wichtigen Orte mit hilfreichen Adressen zum Übernachten, Essen und Trinken sowie zum Einkaufen und Ausgehen. Praktisch als Übersicht ist auch der große herausnehmbare Faltplan.

ISBN 978-3770196319

Bedeutend umfangreicher ist der bekannt gute **REISEFÜHRER SLOWENIEN** aus dem **MICHAEL MÜLLER VERLAG** für 22,90 Euro. Alles Wissenswerte, akribisch recherchiert, mit detaillierten Beschreibungen, einem eigenen Kapitel zu Ljubljana, dazu zahlreiche Karten und Stadtpläne. Auf 552 Seiten bleibt keine Ecke Sloweniens unbeschrieben, und die tollen Bilder machen sofort Lust aufs Losfahren. Dieser Band ist sein Geld wert.

ISBN 978-3899538588

Ein einzigartiges Produkt sind die **FOLYMAPS TOURENKARTEN KROATIEN UND SLOWENIEN** aus dem **TVV TOURISTIK VERLAG**. Das Set besteht aus jeweils acht Tourenkarten und kostet 19,95 Euro. Auf jeder Karte gibt es bis zu fünf verschiedene Tourvorschläge, die auf der Rückseite des Kartenblatts eingehend beschrieben sind. Darüber hinaus lassen sich die robusten Karten aber auch bestens als Straßenkar-

ten für die Planung und auch unterwegs benutzen.

Die Karten sind beidseitig foliert und so gegen Wasser und Verschmutzung geschützt. Reißfest sind sie noch dazu. Außerdem kommen sie in einer handlichen Kunststofftasche, die zusätzlichen Schutz bietet. Durch die Verwendung von Mikrofolie anstelle des sonst üblichen steifen Laminats bleiben die Karten hochflexibel und bestens faltbar. Damit lassen sie sich in jeder gewünschten Ansicht etwa im Kartenfach eines Tankrucksacks integrieren. Maßstab der Karten 1:250 000.

ISBN 978-3-937063-16-4

Klein und handlich ist die **MOTORRADKARTEN-BOX KROATIEN UND SLOWENIEN** von Biker Betten im **TVV TOURISTIK VERLAG**. Für 9,95 Euro gibt es die ultimative Kartenbox mit acht informativen Papierkarten zu den schönsten Motorrad-Regionen zwischen Drau und Adria. Alle Karten stellen jeweils fünf eingezeichnete und beschriebene Touren vor und weisen natürlich auch auf an den Routen liegende Unterkünften für Motorrad-Reisende hin.

ISBN 978-3937063096

Die praktischen und hilfreichen Karten vom **TVV TOURISTIK VERLAG** sind im Maßstab 1:250.000 ausgeführt. Erhältlich sind die Boxen im Buchhandel, via Amazon oder auf **www.bikerbetten.de**. Dort gibt es zudem unzählige weitere Tipps zu Motorradtouren durch ganz Europa.

SPRACHFÜHRER

In der ausgezeichneten Reihe **REISE KNOW-HOW SPRACHFÜHRER KAUDERWELSCH** gibt es natürlich auch einen Band **SLOWENISCH – WORT FÜR WORT**. Zwar sprechen viele Slowenen auch Deutsch, aber rudimentäre Kenntnisse der Sprache des Gastlandes öffnen bekanntlich Türen und Herzen. Die Sprachführer der „Kauderwelsch“-Reihe bieten einen schnellen Einstieg und vermitteln zudem Wissenswertes über Land und Leute. Das Wörterbuch am Ende hält einen Grundwortschatz und wichtige Begriffe für Reisende bereit. Praktisch: Ausgewählte Wörter, Sätze und Redewendungen aus dem Buch lassen sich via QR-Codes oder Links vorspielen. Für nur 9,90 Euro erhält man 160 Seiten Sprachunterricht der praktischen Art, der auch richtig Spaß macht.

ISBN 978-3831764204

Kleiner **Sprachführer**

Für die Motorradreise durch Slowenien sind hier die wichtigsten Begriffe und Redewendungen zusammengestellt.

HINWEISE ZUR AUSSPRACHE | SONDERZEICHEN:

c	wie das dt. z	Bsp. konec (Ende)
č	wie das dt. tsch	Bsp. časopis (Zeitschrift)
dž	wie das dt. dsch	Bsp. Madžar (Ungar)
h	wie das dt. ch	Bsp. hvala (Danke)
lj	nur ein Laut (l)	Bsp. Ljubljana (Hauptstadt Sloweniens)
s	wie das dt. ß	Bsp. soba (Zimmer)
š	wie das dt. sch	Bsp.: šola (Schule)
v	wie das dt. w	Bsp. voda (Wasser)
z	wie das dt. stimmhafte s wie in Rose	Bsp.: zabava (Vergnügen)
ž	stimmhafter Konsonant wie in Journal	Bsp.: ženska (Frau)

Die im deutschen Alphabet vorhandenen Konsonanten q, w, x, y existieren im Slowenischen nicht. Zu beachten ist die Aussprache des Konsonanten r. Wie in vielen südeuropäischen Sprachen, wird er auch hier als rollendes Zungen-R betont. Diese Art der Aussprache, ist bei Begriffen wir vroč (heiß) oder der Insel Krk oder Hvar zur Verständigung wichtig.

Notrufnummern in Slowenien
113 (Polizei)
112 (Feuerwehr)
112 (Rettungswagen)
Deutschsprachige Notrufstation Ljubljana +386 1 5305198
Informationen über Straßenzustände (rund um die Uhr) +386 1 5188518

VERSTÄNDIGUNG

ja / nein	da / ne
was / wann / wo / hier	kaj / kdaj / kje / tu
Sprechen Sie Deutsch?	Ali govorite nemško?
Haben Sie mich verstanden?	Ali ste me razumeli?
Ich habe verstanden.	Razumel sem.
Ich habe das nicht verstanden.	Nisem razumel (weibl. razumela).

BEGRÜSSUNG | VERABSCHIEDUNG

Deutsch	Slowenisch
Hallo	Zdravo od. hej
Guten Morgen / Tag / Abend	Dobro jutro / Dober dan / Dober večer
Wie geht es Dir / Ihnen?	Kako si / ste?
Danke, gut. Und Dir / Ihnen?	Hvala, dobro. In tebi / vama?
Auf Wiedersehen / tschüss	Nasvidenje / adijo
Kennenlernen	
Ich heiße…	Ime mi je …
Wie heißt Du / heißen Sie?	Kako ti je ime / Kako vam je ime?
Woher kommst Du / kommen Sie?	Od kod prihajaš / Od kod ste?
Ich komme aus Deutschland / Österreich / der Schweiz.	Jaz sem iz Nemčije / Avstrije / Švice.

HÖFLICHKEIT

Deutsch	Slowenisch
Bitte	Prosim
(Vielen) Dank (e)	(Najlepša) hvala
Könnten Sie mir bitte helfen?	Mi lahko pomagate?
Entschuldigen Sie!	Oprostite!

UNTERKUNFT

Deutsch	Slowenisch
Wo ist die Touristeninformation?	Kje so turistične informacije?
Können Sie mir ein gutes Hotel / preiswertes Hotel / eine Pension / eine Privatunterkunft empfehlen?	Ali lahko mi priporočite dober hotel / poceni hotel / penzion / privatno prenočišče?
Wie komme ich dorthin?	Kako pridem tja?
Haben Sie ein Einzelzimmer / Doppelzimmer frei?	Ali imate enoposteljno sobo / dvoposteljno prosto?
Wie viel kostet es?	Koliko stane?
Ich nehme es!	To bom vzel.

RUND UMS BIKEN

Deutsch	Slowenisch
Anlasser	starter
Auspuff	izpuh
Ersatzteil	nadomestni del
Führerschein	vozniško dovoljenje
Zoll	carina
Grenze	meja
Helm	čelada
Kreuzung	križišče
Licht	luč
Maut	cestnina
Öl	olje
Parkplatz	parkirišče
Reifen	guma
Reifendruck	pritisk v gumi
Schlüssel	ključ
Straße	ulica, cesta
links / rechts / geradeaus	levo / desno / naravnost
weit	daleč
zurück	nazaj

WETTER

Was sagt der Wetterbericht?	Kakšno je vreme?
Es wird schön / warm / heiß / schwül / kalt / schlecht	Bo lepo / toplo / vroče / sparno / hladno / slabo
Es wird regnen	Deževalo bo
Es wird ein Gewitter kommen	Nevihta bo
Sonne	sonce

UNTERWEGS

Entschuldigung, wo ist…?	Oprostite, kje je…?
Wie komme ich dorthin…?	Kako pridem do tja?
Können Sie mir das bitte auf der Karte zeigen?	Ali mi to lahko pokažete na karti?
Wie weit ist es?	Kako daleč je to?
Wie viele Minuten mit dem Motorrad?	Koliko minut vožnje z motorjem?
Ist das die Straße nach…?	Je to cesta za ...?
Wie komme ich zur Autobahn?	Kako pridem do avtoceste?
Wo kann ich mein Motorrad abstellen?	Kje lahko parkiram moj motor?
Wie hoch ist die Gebühr für ein Motorrad?	Koliko je cestnina za motor?

ESSEN UND TRINKEN

essen / trinken	jesti / piti
Wo gibt es hier in der Nähe ein preiswertes / typisches Restaurant?	Kje je v bližini pocena / tipična gostilna?
Einen Tisch für …Personen bitte!	Miza za … osebe, prosim!
Die Speisekarte bitte.	Meni, prosim.
Kann ich noch etwas Warmes bekommen?	Lahko dobim še nekaj toplega?
Ich möchte nur etwas trinken.	Rad bi samo nekaj popila (weibl.) pil (männlich)
Die Rechnung bitte!	Račun prosim!
Suppe	juha
kalte / warme Vorspeisen	hladna / topla predjed
Fleischgerichte	mesne jedi
Fisch	riba
Gemüse	zelenjava
Beilagen	priloga
Käse	sir
Brot	kruh
Bier	pivo
Rot-/Weißwein	črno/belo vino
Kaffee	kava
Wasser	voda
Tasse	skodelica

Glas	kozarec
Teller	krožnik
Messer	nož
Gabel	vilica
Löffel	žlica
Frühstück	zajtrk
Mittagessen	kosilo
Abendessen	večerja
bestellen	naročiti

RUND UM DIE PANNE / DEN UNFALL

Bitte helfen Sie mir!	Prosim, pomagajte mi!
Ich habe kein Benzin mehr.	Zmanjkalo mi je benzina.
Wo ist die nächste Tankstelle?	Kje je najbližja bencinska črpalka?
Ich habe eine Reifenpanne.	Imam prazno gumo.
Ich habe eine Motorpanne.	Imam okvaro motorja.
Die Batterie ist leer.	Akumulator je prazen.
kaputt	pokvarjen
Wie teuer wird die Reparatur ungefähr sein?	Koliko pribižno bo stalo popravilo?
Machen Sie bitte nur das Nötigste.	Lepo vas prosim, popravite samo najnujnejše
Wann ist es fertig?	Kdaj bo končano?
Wo ist die nächste Werkstatt?	Kje je najbližja garaža?
Es ist nicht meine Schuld!	To ni moja krivda!
Ich hatte Vorfahrt!	Imel / imela sem prednost.
Sie sind zu schnell gefahren!	Prehitro ste se peljali!
Es ist ein Unfall passiert.	Zgodila se je nesreča.
Zeuge	priča
Ich bestehe darauf, die Polizei zu rufen!	Vztrajam, naj pokličemo policijo!
Rufen Sie bitte schnell die Polizei / die Feuerwehr / einen Krankenwagen	Prosim, pokličite hitro policijo / gasilce / reševalce

Grundzahlen

0	nič	10	deset	20	dvajset
1	ena	11	enajst	21	enaindvajset
2	dva	12	dvanjast	22	dvaindvajset
3	tri	13	trinajst	25	petindvajset
4	štiri	14	štirinajst	50	petdeset
5	pet	15	petnajst	100	sto
6	šest	16	šestnajst	500	petsto
7	sedem	17	sedemnajst	1000	tisoč
8	osem	18	osemnajst	2000	dva tisoč
9	devet	19	devetnajst	100000	sto tisoč

BikerBetten Motorradreisebuch

FRANZÖSISCHE ALPEN

In eurem Motorradurlaub möchtet Ihr euch so richtig schwindelig fahren? Dann seid Ihr in dieser Region mehr als perfekt aufgehoben.

Ganz egal, wohin man von einer schmalen Départementstraße in die nächste abbiegt: Hinter jeder Ecke warten berauschende Kurven, griffiger Asphalt und einzigartige Naturspektakel.

Hinzu kommen einige der höchsten befahrbaren Straßenpässe Europas sowie die legendäre Alpenstraße Route des Grandes Alpes.

Zehn ausführlich beschriebene Motorradtouren zum Nachfahren für einen Kurztrip oder die längere Reise mit:

- vielen Insidertipps des Autoren
- ausführlichem Kartenmaterial mit eingezeichneter Route
- praktischen Hinweisen zu Streckenlänge, Etappen, Charakteristik und den beliebtesten Attraktionen – nicht nur für Motorradfans
- Hotels, die sich auf Motorradfahrende Gäste freuen
- GPS-Daten zum Download.

BikerBetten Motorradreisebuch

KROATIEN

Die blau-schimmernde Adria ist schon seit Jahrzehnten einer der Sehnsuchtsorte deutscher Urlauber. Mittlerweile hat sich herumgesprochen, dass Kroatien auch ein mehr als perfektes Bike-Revier bietet.

So kann man von der Jadranska Magistrale, der noch zu Titos Zeiten angelegten Küstenstraße, auf fast 1.000 Kilometern von Norden nach Süden cruisen – gerne mit Inselhopping auf die eine oder andere der angeblich mehr als 1000 Eilande des Landes. Dazu kommt das spannende Hinterland mit grandiosen Serpentinenstraßen und spektakulären Nationalparks.

Zehn ausführlich beschriebene Motorradtouren zum Nachfahren für einen Kurztrip oder die längere Reise mit:

- vielen Insidertipps des Autoren
- ausführlichem Kartenmaterial mit eingezeichneter Route
- praktischen Hinweisen zu Streckenlänge, Etappen, Charakteristik und den beliebtesten Attraktionen – nicht nur für Motorradfans
- Hotels, die sich auf Motorradfahrende Gäste freuen
- GPS-Daten zum Download.

1. Auflage Januar 2017 | © 2017

HERAUSGEBER

TVV Touristik-Verlag GmbH | Werner Henschel Str. 2 | D-34233 Fuldatal-Ihringshausen
Tel.: +49 - (0) 561/400 85 - 0 | Fax: +49 - (0) 561/400 85 - 21
info@bikerbetten.de | www.bikerbetten.de

Vertretungsberechtigter Geschäftsführer: Peter Schmitz
Registergericht: Kassel | Registernummer: 13254
Umsatzsteuer-Identifikationsnummer gemäß § 27 a Umsatzsteuergesetz: DE813611060

REDAKTION Hans Michael Engelke, www.engelke.tv

FOTOS Angelika und Hans Michael Engelke, www.engelke.tv

UMSCHLAGGESTALTUNG TVV Touristik-Verlag GmbH

KARTENBASIS © Kunth Verlag GmbH & Co. KG

ROUTEN Hans Michael Engelke, www.engelke.tv

PRODUKTION MoTourMedia, Wuppertal

LEKTORAT Text-o-Pix, Wuppertal

DRUCK UND WEITERVERARBEITUNG Silber Druck oHG, 34266 Niestetal

Die GPS-Daten gibt es zum kostenlosen Download auf **bikerbetten.de**

Alle Angaben dieses Werks wurden von dem Autor sorgfältig recherchiert.
Für die Richtigkeit der Angaben kann jedoch keine Haftung übernommen werden.

ISBN 978-3-937063-36-2

WWW.BIKERBETTEN.DE